육아는 리허설이 없다

육아는 리허설이 없다

잘 키우고 싶은 엄마를 위한 6가지 성공 기술

초판 1쇄 인쇄일 2019년 11월 11일
초판 1쇄 발행일 2019년 11월 15일

지은이 조경희
펴낸이 양옥매
디자인 임흥순, 정해원
교　정 조준경

펴낸곳 도서출판 책과나무
출판등록 제2012-000376
주소 서울특별시 마포구 방울내로 79 이노빌딩 302호
대표전화 02.372.1537　**팩스** 02.372.1538
이메일 booknamu2007@naver.com
홈페이지 www.booknamu.com
ISBN 979-11-5776-803-5(03300)

이 도서의 국립중앙도서관 출판시도서목록(CIP)은 서지정보유통지원 시스템
홈페이지(http://seoji.nl.go.kr)와 국가자료공동목록시스템
(http://www.nl.go.kr/kolisnet)에서 이용하실 수 있습니다.
(CIP제어번호 : CIP2019045285)

육아는
리허설이 없다

잘 키우고 싶은 엄마를 위한 6가지 성공 기술

/ 조경희 지음 /

책나무
과무

아이는 그 아이만의 고유 브랜드를 만들어 가야 하는데 우리는 학교 성적으로 아이의 모든 것을 평가하는 경향이 있다. 이제 공부 잘하면 좋은 대학 가고 좋은 대학 나오면 좋은 직장에 취직하는 것이 공식처럼 여겨지던 시대는 지났다. 그런데 우리의 의식은 여전히 학교 성적에 머물러 있다.

나는 가난한 부모를 만나 중학교를 졸업하고 고등학교에 진학하지 못했는데 함께 경쟁하던 친구들은 대부분 대학을 졸업하고 학교 선생님이 되었다. 중학교 때까지는 별반 다를 것이 없다고 느꼈는데 단지 가난한 부모를 만났다는 것 때문에 이렇게 달라져야 한다는 것이 너무나 속상해서 남몰래 많이도 울었다.

그런데 세상의 이치를 깨닫는다는 이순의 나이를 넘어서며 교직에 있는 친구들이 오히려 지금의 나를 부러워한다. 직장에 매여 취미 생활은 엄두를 못 내고 날마다 다람쥐 쳇바퀴 도는 것 같은 생활이 요즈음 우울하게 만든다고 한다. 내가 그 친구들을 부러워하며 속상해서 울던 때가 엊그제 같은데, 자유롭게 책을 읽고 글을 쓰며 강연을 다니는 삶을 살 줄 누가 알았으랴. 인생사 새옹지마라고 하더니 맞는 말인 것 같다.

그러고 보면 아이를 남들처럼 학원에 보내고 특별한 교육을 시킬 수 없다고 안타까워할 것도 아니고 지금 당장 학교 성적이 나쁘다고 실망할 필요도 없는 것 같다. 모든 아이에게는 잘하는 것이 있고, 잘하는 것을 더욱 잘할 수 있도록 응원하고 지지하면 아이는 분명 올바른 가치관을 가지고 당당하게 살아갈 것이기 때문이다.

성경에서는 한 아이가 천하보다 귀하다고 말한다. 출산율이 급격히 감소하여 정부에서는 여러 가지 정책을 통해 출산율을 높이기 위해 노력하고 있는 시대에 태어난 우리 아이는 천하보다 귀한 아이라고 해도 과언이 아니다. 그런데 이렇게 귀한 아이라도 키우다 보면 힘들고 어려운 순간에 직면할 때가 한두 번이 아니다.

작은아이가 중학교에 입학한 후 한 달 다니다 학교가 지옥이라며 학교를 거부하는 바람에 계획하지 않았던 홈 스쿨을 통해 중·고등학교 과정을 마쳤다. 그 과정에서 아이를 바르게 양육한다는 것은 어떤 것인가에 대하여 많은 생각을 하게 되었다. 그리고 엄마의 역할에 대하여 알지 못하고 부모가 되어 아이를 양육하는 것이 얼마나 어렵고 수많은 실수와 시행착오를 거치게 되는지도 알게 되었다.

육아 관련 도서를 보면 두세 명의 자녀를 성공적으로 키운 경험을 바탕으로 썼거나 이론 중심의 책이다. 모든 아이가 유명 대학에 진학하고 다른 사람으로부터 인정받고 존경받는 직업을 가지고 살아갈 수는 없다. 그렇다면 지극히 평범한 내 아이가 행복하게 살아갈 수 있도록 하기 위해서는 어디에 기준을 두고 양육해야 하는가를 고민하지 않을 수 없다.

유아교육을 전공하고 유치원 교사였던 나는 경부암 수술을 계기로 2002년부터 엄마 없는 아이를 위탁해 키우기 시작해 8년 동안 위탁 부모로 봉사한 후 대학원에서 아동가족복지를 공부하고 '즐거운 집 그룹홈'이라는 아동복지시설을 개원해 10년째 운영하고 있다. 자녀를 양육하며 방법을 몰라 힘들어하는 부모나, 성공하는 자녀로 양육하는 데 지혜가 필요한 분을 위해 20여 년 동안 열다섯 명의 아이들을 키우며 배운 지식과 경험과 지혜를 책에 담았다. 『육아는 리허설이 없다』는 제목 아래,

· 나를 알고 자녀를 알아야 한다.
· 자기 조절력이 아이의 미래를 결정한다.
· 표준화 교육의 선입관을 버려라.
· 육아에는 골든타임이 있다.
· 가정의 문화가 아이의 미래를 결정한다.
· 내 아이의 성장에 초점을 맞춰라.

라는 잘 키우고 싶은 엄마를 위한 성공 기술 여섯 가지를 소개했다. 아이 양육을 기술로 표현한 것은 내가 가진 지식과 경험을

새롭게 창조하여 아이 양육에 활용하는 것은 기술에 속한다고 생각했기 때문이다. 기술은 오랜 시간 연습하고 훈련하여 습득하는데, 불행하게도 아이 양육은 연습이나 훈련을 할 수가 없다. 그래서 실질적인 경험을 바탕으로 쓴 책을 통해 간접경험을 하고 그것을 내 아이를 키우는 데 활용해야 한다. 그런 면에서 『육아는 리허설이 없다』라는 책은 아이 양육에 많은 도움이 되리라 기대한다.

이 책을 읽는 모든 부모와 예비부모 그리고 선생님들이 아이와 함께 행복하기를 바라는 마음이다.

2019년 11월의 어느 날

즐거운 집 골방에서   조경희

여섯 번째 기술

내 아이의 성장에 초점을 맞춰라

나를 알고
자녀를 알아야 한다

아무리 교사나 상담사가 노력하더라도 부모의 의식이 변하지 않으면 아이에 대한 이해를 바탕으로 한 육아는 불가능하다. 내 기질과 아이의 기질을 알면 아이는 즐겁고 행복하게 자신의 존재 가치를 세상에 드러낼 것이다.

기질을 알면
아이가 보인다

　큰아이와 여섯 살 터울인 작은아이는 어릴 때 극도로 예민하고 잠시도 나와 떨어지려고 하지 않았다. 잠시 화장실에 갈 때도 업고 다녀야 했고, 한번 울기 시작하면 도무지 그치지 않아서 달래다 지쳐 같이 울기도 하고, 때로는 같이 죽고 싶다는 생각을 할 정도로 힘들었다.

　아이를 잉태했을 때 천막을 접착하는 고주파라는 기계를 사용하는 일을 했는데 전자파가 많이 발생해서 태아에 해롭다는 말을 듣고 은박지로 앞치마를 만들어 입고 일을 했었다. 그런데 아이가 예민하게 굴 때면 전자파가 태아에 영향을 미쳐서 이렇게 예민한 것은 아닐까 하는 생각에 미안해지곤 했다. 하지만 미안한 마음과 별개로, 일을 하며 극도로 예민한 아이를 키운다는 것이 정말 힘들었다. 그래서 상담심리 교수님께 상담을 했더니 그런 아이들이 키울 때는 힘들지만 성장하면 자기 일을 똑 부러지게 할 테니까 잘 키워 보라고 했다.

아이가 성장하면서 나와 아이는 사사건건 부딪혔다. 아이는 아이대로 자기가 하는 말을 엄마가 못 알아듣는다고 했고, 나는 나대로 내가 하는 말을 아이가 못 알아듣는 것 같아 답답했다. 급기야 아이는 중학교에 입학한 지 한 달 만에 학교가 지옥 같다며 학교에 가지 않겠다고 했다. 체육 담당 선생님을 담임선생님으로 만났는데, 입학하자마자 성적을 강조하고 중간고사에서 80점 미만은 몽둥이로 때리겠다는 말에 왜 벌써부터 겁을 주면서 성적으로 학생들을 평가하려고 하느냐고 따지다가 버르장머리 없다고 욕이 섞인 야단을 맞고 충격을 받은 것이다.

선생님을 찾아가 이 아이가 어떻게 성장했는지 말씀드리면서 초등학교 때 스스로의 힘으로 총학생회 회장에 출마할 만큼 야무진 아이니 조금만 기다려 주시면 학교생활은 잘할 거라고 말씀드렸지만 받아들여지지 않았다. 그 일로 아이가 대인기피증까지 와서 결국 학교를 그만두고 홈스쿨을 하게 되었다.

그래서 나를 다스리고 아이를 알기 위해 자녀 양육 관련 도서를 찾아 읽기 시작했다. 그러다 『기질을 알면 자녀가 보인다』라는 책을 읽고 나서야 아이와 내가 왜 그렇게 사사건건 부딪혔는지 조금은 이해되었다. 저자는 MBTI로 아이와 나의 성격 유형을 알아보는 방법을 알려 주면서, 기질과 성향에 따라 다른 사람의 말을 듣거나 자기를 표현하는 방법이 다름을 이야기하고 있다.

❋ 성격유형 검사란 무엇인가?

성격유형 검사 Myers Type Indicator는 심리학자이자 정신과 의사인 융의 심리 유형론을 근거로 하여 고안한 자기 보고식 성격유형 지표이다. 융의 심리 유형론은 인간 행동이 그 다양성으로 인하여 종잡을 수 없는 것 같이 보여도 사실은 매우 질서 정연하고 일관된 경향이 있다는 데서 출발하였다. 심리 유형론의 요점은 각 개인이 외부로부터 정보를 수집하고 자신이 수집한 정보에 근거해서 행동을 위한 결정을 내리는 데 있어서 각 개인이 선호하는 방법이 근본적으로 다르다는 것이다.

MBTI에는 다음과 같은 네 가지 양극적 선호 경향이 있다.

- 외향형(E)과 내향형(I)
- 감각형(S)과 직관형(N)
- 사고형(T)과 감정형(F)
- 판단형(J)과 인식형(P)

MBTI에서는 이 네 가지 양극적 선호 경향을 조합해 사람의 기질을 16가지로 세분화한다.

아이의 유형을 파악하기 위해 일반 가정에서 쉽게 적용할 수 있는 방법은 네 가지 양극적 선호 경향의 아이들이 어떻게 다르게 행동하는가를 알아보고 그중에 내 아이와 가장 가깝다고 생각되는 것을 선택하는 것이다. 아이의 유형을 알게 되면 아이가 왜 그렇게 행동하고 반응하는지 알 수 있기 때문에 나와 전혀 다른 성향의 아이를 키우기가 조금은 수월해질 것이다.

그렇다면 어떻게 해야 아이의 성향에 맞게 아이를 도와줄 수 있을까?

❋ MBTI에 따른 아이 성향별 육아법

외향성의 아이에게는 말을 하지 못하게 하는 것이 매우 견디기 힘든 일임을 인정하고, 말하고 싶어 하는 욕구를 받아들여 충분히 표현할 수 있는 공간을 주면서 같이 신나게 놀아 줄 필요가 있다. 또한, 다른 아이들과 함께 있는 것을 매우 즐거워하므로 단체 활동에 참여하도록 하는 것도 좋다.

내향성의 아이는 다른 사람들과 함께 있을 때 에너지가 소진된다는 것을 잊지 말고 혼자 있고 싶어 할 경우 자신만의 시간을 주는 것이 좋다. 책을 읽거나 악기를 배우는 것 또는 개인 운동과 같이 혼자 할 수 있는 활동을 하도록 한다.

감각형 아이의 경우, 아이가 손과 얼굴에 지저분하게 흙을 묻혀 와도 탓하지 말고 그것이 아이에게는 중요한 놀이의 결과라는 것을 인식한다. 그러므로 육체적인 움직임이 있는 활동에 참여하도록 하거나 손으로 만질 수 있고 가지고 놀 수 있는 전시품이 많은 체험형 전시회장에 데리고 가는 것처럼 감각을 활용하고 자극하는 활동들이 도움이 된다.

직관형의 아이에게는 다양한 책을 읽도록 권하거나 아이와 함께 연극을 보러 가는 등의 활동이 좋다. 아이가 무언가를 하고 있다면, 아이를 존중하면서 스스로 완성할 수 있도록 옆에서 도와주는 것이 좋다.

사고형의 아이에게는 여러 가지 주제에 대해 아이의 의견을 물어봄으로써 아이의 논리적인 사고 능력을 키워 주는 것이 좋다. 아이에게 집 안팎에서 행해지는 일들을 분석해 보도록 부탁을 한다거나, 어릴 때 컴퓨터를 마련해 주고 책이나 퍼즐 같은 것을 자주 선물해 주는 것도 도움이 된다.

감정형의 아이는 가정에서의 아이의 역할을 확고하게 인정해 주고, 가족 모두가 참여할 수 있는 활동을 함께하는 것이 좋다. 그리고 아이의 마음이 동요되는 일이 일어났을 때는 충분한 대화를 통하여 내 감정과 아이의 감정을 서로 나누어 보는 것이 도움이 된다.

판단형의 아이에게는 하던 일을 그만두라고 강요하지 말고 오히려 그 일을 끝마칠 수 있도록 도와준다. 아이와 약속한 것은 무슨 일이 있어도 지키고 자기가 책임져야 할 일과 자기의 책임이 아닌 것을 잘 구분할 수 있도록 도와준다.

인식형의 아이는 모든 일에 '예'라고 말하는 경향이 있으므로 아이가 어떤 일을 끝마치도록 잔소리하기보다는 아이에게 시간은 제한되어 있다는 것을 알려 주면서 너무 여러 가지 일을 무리해서 하지 않도록 가르친다.

❀ 행복하게 자신의 존재를 드러낼 아이를 위해

내가 그토록 키우기 힘들어하던 딸은 ESFP형이고 나는 INTJ 형이니 완전히 극과 극이다. 사사건건 부딪히고 서로를 이해하지 못했던 것은 어쩌면 당연한 일인지도 모른다. 아이와 함께 서로의 기질에 대해 알아보고 '그래서 그랬구나.'라고 이해했지만 한순간에 달라지지는 않았다.

성격검사에는 MBTI검사 외에도 에니어그램, PAI성격검사, TACA(자아상태/인생태도검사), 그림 및 문장완성 검사, SCTA 검사 등 여러 가지가 있다. 최근에 SBS 예능 프로그램「집사부일체」에서 배우 신애라가 집사부일체 멤버들에게 해 준 히포크라테스 기질 테스트가 많은 사람의 관심을 끌었다. 신애라가 했던 히포크라테스 기질 테스트는 SCTA 검사로 활동성의 높고 낮음과 사회성의 높고 낮음을 순응성, 억제성, 지속성, 민감성과 연결하여 16가지의 기질 유형을 분류하는 성격검사다. 『육아 고민 기질 육아가 답이다』라는 책에는 SCTA 검사와 기질파악 그리고 기질에 따른 양육 태도가 안내되어 있다.

어떤 기질은 좋고 어떤 기질은 나쁘다고 말할 수 없으며 기질을 파악하고 이해했다고 해서 모든 것이 해결된 것은 아니다. 아무리 교사나 상담사가 노력하더라도 아이와 가장 많은 시간을 함께하는 부모의 의식이 변하지 않으면 아이에 대한 이해를 바탕으로 한 육아는 불가능하다.

내 기질과 아이의 기질을 알고 부모가 아이의 기질에 따른 강점에 초점을 맞추면 아이는 즐겁고 행복하게 자신의 존재 가치를 세상에 드러낼 것이다.

만 3세까지의 대화가
EQ와 SQ를 결정한다

　EQ는 미국 에일대학교 심리학 교수 피터 샐로베이와 뉴햄프셔 대학교 심리학 교수 존 메이어가 이론화한 개념으로, 대니얼 골맨이『감성 지능 Emotional Intelligence』이라는 책에서 언급하면서 대중화되었다. 이 책이 발간되던 1990년 중반까지 EQ가 건강에 미치는 영향에 대한 임상적 데이터가 있음에도 불구하고 많은 의사는 감성이 임상적으로 중요하다는 점에 대하여 회의적이었다.

　이런 와중에도 스탠퍼드 대학의 유명한 산부인과 복강경 전문의인 캄란 네자트 박사는 수술이 예정되어 있던 환자가 공포에 사로잡힌 상태라 수술을 받고 싶지 않다고 말하면 기꺼이 수술을 취소했다. 극도로 겁에 질린 사람일수록 수술이 제대로 되지 않고 출혈이 심하며 감염이나 합병증에 걸릴 가능성이 커지고 회복 기간도 더 오래 걸리기 때문이라고 했다. 이렇게 환자의 감성을 인정하고 수술을 보류하는 의사는 많지 않다.

✿ 아이의 감성을 무시한 치료는 없다

생후 6일 된 아이를 키우게 되었는데, 그 아이가 세 살 때 고열이 심하게 났다. 병원에 가서 처방을 받아 해열제를 먹여도 열이 내리지 않자, 3일째 되는 날 아이를 입원시켜서 치료해야겠다는 생각으로 소아전문 병원을 찾았다. 아이는 3일째 고열이 나면서 먹지는 못하고 설사를 해서 축 늘어져 있었다. 의사 선생님은 일단 아이의 열을 내리는 것이 우선이니 링거를 맞고 입원실이 정리되는 대로 입원해서 치료를 해 보자고 했다.

2.3㎏으로 태어난 작은 아이라 혈관을 찾아 링거 주삿바늘을 꽂는 데도 무척 애를 먹었다. 보채는 아이를 데리고 입원실이 준비되기를 기다리며 두 시간여 동안 병원 주변을 돌아다녔다. 그러다 입원실이 정해졌다고 해서 올라갔더니, 혈액검사를 해야 하니 아이를 데리고 혈액채취실로 오라고 했다. 지금은 열이 많이 나고 혈관을 찾기가 어려우니 혈액 채취를 안 하면 안 되느냐고 물었더니 간호사는 염증 여부를 검사해야 하기 때문에 무조건 혈액을 채취해야 한다고 했다.

생후 20여 일 정도 되었을 때 아이의 입소 절차를 밟는 과정 중 하나로 건강검진을 할 때 혈액을 채취하는 일이 있었다. 나는 들어오지 못하게 하고 갓난아기만 혈액채취실로 데리고 들어간 후 아이는 자지러지게 우는데, 20여 분이 지나도 그치질 않아 문을 박차고 들어갔다. 왼쪽 어깨를 끈으로 묶고 팔에서 혈관을 찾느라 주삿바늘로 여러 군데 찌른 흔적에 아이의 작은 팔은 이미 시퍼렇게 멍이 들어 있었다. 그만하라고 소리를 지르고 나서야 멈추었고, 이후 아이는 카시트에 앉히고 안전벨트를 맬 때마다 울고 버둥거리며 안전벨트를 매지 않으려고 했다.

그때의 기억이 되살아나 혈액검사를 하지 않겠다고 했지만 받아들여지지 않았고 한 번 두 번 혈관을 찾아 주삿바늘을 꽂는 것에 실패하자 아이는 자지러지게 울었다. 나는 중단하라고 소리를 지르고 아이를 안았다. 그리고 입원을 취소했다. 아이가 열이 오르면 생존 본능에 의해 뇌를 보호하기 위하여 혈액이 머리로 모이기 때문에 손발이 차가워지고 혈관이 숨는다고 한다. 그래서 열이 오르며 손발이 차가워지면 손발을 주물러서 따뜻하게 해 주고 혈액이 아래로 내려올 수 있도록 하라는 소아청소년과 전문의의 처방을 받은 적이 있다.

링거 주사를 맞을 때 혈액 채취를 같이할 수 있다면 아이에게 두 번 스트레스를 주지 않고 정말 좋겠지만, 의학적으로 불가능하다면 적어도 아이를 심리적으로 안정시킨 후 혈액검사를 하거나 수액을 맞고도 열이 떨어지지 않을 때 검사를 하는 어떤 제도가 마련되면 좋겠다는 생각이다. 그런 면에서 환자가 공포에 사로잡힌 상태라 수술을 받고 싶지 않다고 말하면 기꺼이 수술을 취소했던 스탠퍼드 대학의 유명한 산부인과 복강경 전문의인 캄란 네자트 박사가 정말 대단하다는 생각이 든다.

✳ 사회성 지수 SQ와 소리 이야기

극도로 민감한 작은아이를 달래거나 재우기 위해서는 주변의 것들에 대하여 끊임없이 이야기해 주며 내 감정도 함께 전달해야 했다. 그런 시간이 아이의 타고난 민감성에 감성 지능을 덧입혔는지도 모른다. 그때의 대화가 27년이 지난 지금 중요하게 부각되는 아이가 갖추어야 할 역량 중 하나가 되리라고는 생각하지 못했다.

그때는 보채는 아이를 달래거나 재우기 위해 눈을 마주치며 이야기를 했다면, 쉰을 넘어 만난 소리는 정말 귀엽고 예쁘고 사랑스러워서 눈을 보며 많은 이야기를 했다. 나의 이런 행동이 아이의 감성 지능을 향상시킨다는 생각으로 한 것이 아니라, 그저 소리가 귀엽고 예쁘고 사랑스러워서 가슴 뛰는 행복을 감출 수 없어 소리의 눈을 보며 함께 이야기를 나눈 것뿐이다. 그런데 여섯 살이 된 소리는 감성이 풍부하고 다른 사람의 말과 감정을 잘 이해하고 공감해 주는 아이가 되었다.

SQ는 'Spiritual Quotient', 즉 의미와 가치의 문제를 다루고 해결하는 창조적 지능을 측정하는 지수(출처: 두산백과)로 사용되기도 하고, 'Social Quotient'라 하여 상대방의 감정을 잘 이해하고 타인과 잘 어울리는 능력으로서 사회성을 의미하는 지수로 사용되기도 한다. 나는 여기에서 후자의 사회성을 의미하는 지수로서의 SQ를 이야기하려고 한다.

얼마 전 관계 기관에서 새로 입소한 아동의 사실 여부를 확인하기 위한 현장 조사를 나왔다. 마침 유치원 입학식을 하고 일찍 집에 와 있던 소리가 인사를 하자, 현장 조사 담당자는 몇 살이냐고 물었다. 소리가 여섯 살이라고 하자 현장 조사 담당자는 여섯 살인데 키가 작다고 말했고, 소리는 벽에 붙여 놓은 키 측정하는 곳에 딱 붙어 서서 현장 조사를 나온 사람을 쳐다보며 저 이만큼이나 크다고 말했다. 그러고는 방 안으로 들어가 체중계를 가지고 나와 올라서며 몸무게도 이만큼이라고 말했다.

사실 소리는 2.3kg으로 태어난 작은 아이였다. 영유아 건강검진에서도 키가 100명 중 다섯 번째로 작은 편이니 성장판을 자극해 주고 우유를 많이 먹이라는 조언을 들었다. 그래서 지난겨울 우유를 안 먹으려고 하는 소리에게 우유를 많이 먹어야 키가 큰다고 했던 의사 선생님 말씀을 상기시키며 우유를 먹이고 방방에서 뛰어놀도록 했다. 소리가 잘 따라 준 덕분에 겨울을 지나면서 키가 부쩍 자라 온 가족이 소리의 키가 많이 컸다며 칭찬해 주었는데 작다고 하니 자기가 큰 것을 직접 보여 준 것이다.

그런 소리의 모습을 보고 얼른 "그래, 우리 소리가 많이 컸는데 잘 몰라서 그런 거야." 했다. 그제야 상황을 파악한 담당자는 "많이 컸구나. 몰라서 미안해." 했다. 거기서 끝났으면 좋았을 것을, 현장 조사를 마치고 가면서 담당자는 소리에게 "너는 언제부터 여기에 왔니?"라고 물었다. 소리는 당황하거나 놀라지 않고

"저는 가족이에요."라고 말하며 "엄마, 그렇지?" 하고 나에게 동의를 구했다.

소리는 이제 여섯 살이고 자기가 언제부터, 왜 여기서 살게 되었는지 알 리가 없는 아이가 아닌가? 현장 조사를 나왔던 담당사가 SQ가 높았다면 처음 만난 여섯 살 소리에게 키가 작다고 말하지 않았을 것이고 사회복지시설에 입소해서 생활하는 아이에게 언제부터 여기서 살게 되었느냐고 직접 묻지 않았을 것이다. 아동이 트라우마를 갖지 않고 성장하도록 돕기 위해 간판도 붙이지 못하도록 하고 가정과 같은 환경을 제공하도록 법적으로 규정해놓았는데, 정작 현장 조사를 나온 관계자에게는 그런 의식조차 없는 것 같아 안타까웠다.

❀ 21세기 성공을 결정짓는 SQ를 높여라!

인생의 성공 여부를 결정짓는 요인으로 EQ(감성지수)를 제시했던 골만은 21세기에서는 SQ, 즉 사회성이 높은 사람이 성공한다고 주장했다. SQ는 상대방의 감정을 잘 이해하고 타인과 잘 어울리는 능력으로, 여러 사람 간의 협업이 늘어나는 현대 사회에서 중요한 역할을 한다.

SQ능력에는 자기 인식이 포함된다. 자신의 감정을 파악하고 표현하고 조절하는 능력과 충동을 통제하고 일시적 만족을 연기 시키는 능력과 스트레스와 불안을 관리하는 능력이 만 3세까지의 대화에서 결정된다고 하니, 아무것도 모르는 것 같은 갓난아기와의 대화를 소홀히 할 수 없는 일이다.

그러나 영아기 때 SQ가 발달하지 않았다고 걱정할 필요는 없다. SQ는 평생 가지 않고 후천적으로 길러지는 부분이 커서 원만한 인간관계를 통한 노력으로 SQ를 높일 수 있기 때문이다.

아이는
4차원의 입체다

"양치질하고 어린이집 갈 준비해야지." 하는 내 말에 아이들은 쪼르르 화장실로 달려간다. 소독기에서 칫솔을 꺼내 들고 치약을 꾹 눌러 칫솔에 묻힌 다음 민선이는 칫솔을 입에 물고 세면기에서 물을 틀어 놓은 채 수도꼭지에서 흐르는 물을 만지며 장난을 친다. 우현이와 민준이는 서로를 쳐다보며 양치질을 하다 깔깔거리며 웃는다. 거품이 입가에 묻어 할아버지 같다고 서로를 향해 "할아버지, 할아버지" 하며 웃는 것이다.

그러다 재미가 없어진 민선이는 화장실 문턱에서 미끄러지고 넘어지며 장난을 친다. 네 살배기 소리도 물장난하는 것을 너무나 좋아해서 화장실에 맨발로 들어가 일부러 넘어지고 샤워기로 물을 뿌리며 장난을 친다. 오늘도 화장실 문턱에서부터 장난치는 것이 심상치 않아 나는 소리를 화장실 문턱에 앉히고 양치질하는 것을 도와준다.

❋ 블랙홀에 빠진 우현이 이야기

칫솔을 입에 물고 있던 우현이는 컵에서 소리 냄새가 난다고 화장실 바닥에 주저앉는다.

"컵에서 무슨 소리 냄새가 난다는 거야?"

"정말이라니까요. 컵에서 소리 냄새가 나요."

계속해서 소리 냄새가 난다고 하며 양치질을 하지 않는다. 나는 컵의 물을 버리고 다시 물을 받아 주고 민선이와 민준이, 그리고 소리를 데리고 나와 옷을 갈아입도록 했다. 우현이는 대충 이빨을 닦고 세수를 하고 나오며 울기 시작한다.

"애들이 먼저 가잖아. 애들이 먼저 가잖아."

"아직 아무도 옷을 안 입었어. 그러니까 너도 옷 입어야지." 하며 옷과 양말을 꺼내 주었지만, 우현이는 '애들이 먼저 가잖아.'라는 말을 반복하며 더욱 소리 높여 운다.

"우현아, 아직 옷도 안 입었고 가지도 않았어. 그러니까 울지 말고 양말 신고 옷 입어."

우현이의 귀에는 아무 소리도 들리지 않는 듯 계속해서 '애들이 먼저 가잖아.'라는 말만 되풀이하며 운다. 우현이는 무엇인가에 한 번 꽂히면 다른 사람 말을 전혀 듣지 않는다. 그리고 자기 말만 하며 고함을 지르고 운다. 스스로 그 상황에서 빠져나올 때까지 기다리는 방법 외에 다른 방법이 없었다.

나는 그런 상황을 블랙홀에 빠진다고 표현했다. 그리고 어떤 상황에서 우현이가 블랙홀에 빠지는지 관찰했다. 밖에 나가자고 말했을 때, 또는 자기가 어떤 일을 하고 있을 때 위험하다고 느껴 바로 제지했을 때, 자기가 하고 싶은 일을 거부당했을 때 등 몇 가지 사항이 발견되었다.

　나는 우현이가 블랙홀에 빠져 소리 지르며 우는 것을 질책하기보다 그런 상황을 만들지 않으려고 노력했다. 위험하다고 느끼는 행동을 할 때는 왜 그런 행동을 하면 안 되는지 설명한 후 제지하거나, 하고 싶어 하는 일을 못 하게 할 때도 왜 하면 안 되는지 설명했다. 밖에 나갈 때는 우현이를 먼저 준비시켜 앞장세우고 그 다음에 다른 아이들이 준비해서 따라오도록 했다. 우현이는 조금씩 안정을 찾아가며 막무가내로 울고 떼쓰는 일이 줄어들었다.

❋ 울고 떼쓰던 우현이, 그로부터 몇 년 후

　일반적으로 아이들의 어떤 행동 하나를 보고 전체를 판단하기 쉽다. 우현이도 자폐아 증상과 비슷하다. 치료를 받아야 하는 것이 아니냐고 조심스럽게 조언을 하는 지인도 있었다. 어떻게 보면 자폐아 증상과 비슷할 수도 있을 것이다. 그러나 우현이의 경우는 그동안 제대로 돌봄을 받지 못한 데다 발달이 조금 늦고 천성적으로 느린 것은 아닐까 싶었다. 거기에 인지적 자극을 전혀 받지 못해 여섯 살임에도 불구하고 자기 이름을 쓴 글씨를 구별하지 못하는 것은 물론 자기가 좋아하는 색깔 이름도 몰랐다. 그러다 보니 또래 아이들로부터 따돌림을 당한 우현이는 자신을 보호하기 위해 악을 쓰며 울었는지도 모른다.

그렇게 울고 떼쓰고 장난치며 잠시도 궁둥이 붙이고 앉아 있을 수 없게 만들던 아이들이 몇 년 사이 부쩍 컸다. 민선이와 민준이는 태권도 2단 승급심사를 통과하였고, 우현이는 이마트 환경 사랑 그림 그리기 대회에서 대상을 받았다. 민선이는 대근육을 이용한 놀이나 일을 잘하고, 민준이는 지도나 각종 팸플릿 같은 정보가 담긴 것들에 관심이 많다.

무엇보다도 우현이가 초등학교를 졸업한 후 원 가정으로 복귀할 예정이다. 졸업식에 친엄마가 오기로 되어 있는 데도 불구하고 우현이는 내가 엄마 자리에 앉았다가 같이 나가서 졸업장을 받았으면 좋겠다고 했다. 지난 8년 동안 함께 울고 웃으며 살아온 시간을 뒤로하고 이제 헤어져야 하는 순간이 가까워져 오는 것을 아는 아이는 마지막까지 나와 함께하고 싶었는지도 모른다. 졸업하면서 재치상을 받을 만큼 재치 있고 창의성 있는 아이로 잘 자라 준 우현이가, 졸업식장에서 옆에 앉아 달라고 한 우현이가 무척 고맙다.

'우현아, 나는 너를 키워 준 엄마고 한번 엄마는 영원한 엄마야. 너는 엄마의 기쁨이고 감사고 보람이란다. 어느 곳에 가든지 네가 지금처럼 밝고 건강하고 행복하기를 기도할게.'

❋ 학년에 맞는 수준이 아닌, 아이 수준에 맞는 교육으로

처음 이곳에 오는 선생님들은 사회복지 시설에 있는 아이라는 이유로 불쌍하게 생각하고 무엇인가 도움을 주려고 하거나 자기만의 노하우로 아이들을 가르치려고 한다. 그러다 자기가 가르치는 대로 성적이 오르지 않거나 순종적으로 따라 주지 않으면 자괴감에 빠지고 힘들어한다. 심지어는 아이들이 나를 골탕 먹이려고 일부러 그러는 거라고 말하는 선생님도 있다.

아이들은 선생님을 골탕 먹이기 위해 일부러 어떤 행동을 하지는 않는다. 어쩌다 그런 경우가 있을 수는 있지만 적어도 즐거운 집 아이들은 아니다. 대부분의 요즈음 아이들이 그렇듯이 공부하는 즐거움을 모르고 관심이 없기 때문이다. 나는 선생님들에게 내가 아이들을 가르친다는 생각으로 아이들을 끌고 가려고 해서는 안 된다고 말한다. 그러면 선생님은 힘들고 아이들은 지겹다. 그냥 아이들이 공부하는 즐거움을 알아 갈 수 있도록 아이 학년에 맞는 수준이 아닌, 아이 수준에 맞는 학습지를 가지고 5분을 하더라도 아이와 즐겁게 하기를 요구한다.

다른 아이들과 비교할 필요도 없고 아이 학년에 맞는 수준까지 끌어올려야 한다는 생각에 조급해할 필요도 없다. 아이가 어떤 것에 흥미를 느끼고 관심을 가지는지 관찰하고, 아이가 관심을 가지는 것에 대하여 아무것도 모르는 척 물어보면 된다. 그러면 아이는 자기가 아는 것을 자랑스럽게 이야기하며 더 자세하게 설명해 주려고 한다. 아이가 어떤 것을 조금이라도 잘했을 때 "정말 잘한다. 대단해."라는 추임새를 넣어 주며 손뼉을 쳐 주면 아이는 의기양양해서 잘하는 것을 더 잘하려고 한다.

우리는 점과 점을 이은 선을 1차원이라고 하고, 선과 선을 이어 만든 평면을 2차원이라 한다. 그리고 평면을 이어 만든 입체를 3차원이라고 하는데 입체를 만드는 순간 공간 안에 들어가게 된다. 4차원은 3차원 공간에 시간이 더해져서 생기는 시공간의 세계다. 아이들의 어느 한 단면을 보고 전체를 말할 수 없다. 오늘 이런가 싶으면 내일은 또 다른 모습의 아이를 발견하게 된다. 아이마다 잘하는 것이 있고 잘 못하는 것이 있으며 좋아하는 것이 있고 싫어하는 것이 있다. 오늘 잘했다고 항상 잘하는 것도 아니고 오늘 조금 못했다고 항상 못하는 것도 아니다.

❀ 아이는 일곱 색깔 무지개가 빛나는 4차원의 입체다

작은아이가 중학교에 입학해서 한 달 정도 다녔을 때 중간고사 성적이 80점 미만인 아이들에게는 종아리를 때리겠다는 선생님께 왜 성적 문제로 체벌하시려 하느냐고 따졌다가 선생님께 말대답하는 문제아로 낙인찍혔다. 결국, 학교를 그만두고 홈스쿨을 통해 중·고등학교 과정을 마쳤다.

보통은 홈스쿨로 아이들을 교육하는 사람들이 모여 또 다른 조직을 만들고 학교에 가지 않는 것 외에 학교와 비슷한 과정의 학습을 지도하는 경우가 많다. 작은아이는 그런 홈스쿨이 아닌 자기가 좋아하고 잘하는 것을 찾아가는 시간으로 보냈다. 중학교 과정은 의무교육이라 검정고시를 통해 패스하고, 고등학교 과정은 나중에 대학에 가고 싶을 때 필요할 것 같아 기본적인 학습만 해서 패스했다. 그리고 남은 시간에 드럼과 제빵을 배우고, 공방에 가서 도자기 만드는 것도 배웠다.

작은아이를 문제아라고 단정했던 선생님은 아이가 자기 생각을 말하는 것을 용납하지 않고 절대 순종하지 않는다는 이유로 문제아로 낙인찍었다. 아이에게는 선생님이 본 한 단면보다 훨씬 많은 장점이 있는 입체 면이 있었다. 선생님은 그런 아이의 모습을 보려고도 하지 않고 아이를 학교 밖으로 밀어냈다. 그런 아이가 학교 밖에서 스스로 공부하여 3개 국어를 하고 국제 바리스타로서 자부심을 갖고 일한다. 요즈음에는 카페를 운영하며 좋은 책을 번역해 아마존에 올려 수입을 창출하겠다고 번역사 공부를 한다. 디지털 세대다운 생각이고 꿈이다.

우리는 학교 성적으로 아이의 미래를 예측하거나 어떤 행동을 보고 그 아이의 전체를 평가한다. 한 단면을 보고 4차원의 입체인 아이의 전체를 평가한다는 것은 크나큰 오류를 범하는 것이다. 학교 성적으로 미래를 예측할 수 없고, 행동 하나가 그 아이의 전부는 아니다. 아이는 일곱 색깔 무지개가 빛나는 4차원의 입체임을 잊지 말아야겠다.

아이는 이해의 대상이 아니라 사랑해야 할 대상이다

요즈음은 아이를 하나 또는 둘 낳아 키우지만, 우리 부모님 세대만 해도 6~7남매는 흔하고 열 명이 넘는 자녀를 낳아 키우는 집도 쉽게 볼 수 있었다. 그렇게 여러 명의 자녀를 낳아 키우다 보면 그중에 한두 자녀는 도저히 이해할 수 없는 아이가 있다. 내가 배 아파 낳은 둘째 아이가 그랬다. 여섯 살 터울의 오빠는 너무나 쉽게 키운 탓에 한번 울면 그칠 줄 모르고 자기주장만 하는 아이가 더 힘들게 느껴졌는지도 모른다.

일반적인 사람보다 열 배는 더 예민하게 태어난 아이는 바스락거리는 소리에도 잠들지 못하고 보채는 바람에 업고 재우느라 이불을 높게 쌓아 놓고 엎드려서 잠을 잔 것이 한두 번이 아니다. 잠시만 눈에 보이지 않으면 울고, 한번 울면 그치지 않아 화장실에 갈 때도 데리고 가야 했다. 자기가 원하는 것이 주어질 때까지 고집부리며 우는 아이를 어르고 달래다 지쳐 "하나님, 저 이 아이를 키울 능력이 안 되는데 왜 저한테 보내셨나요?"라고 기도하며 울기도 많이 울었다.

✳ 학교에 가지 않겠다는 작은아이

그렇게 어려서부터 힘들게 하던 아이는 중학교에 입학해서 한 달이 지날 즈음 학교가 지옥이라며 학교에 가지 않겠다고 선언했다. 사내아이처럼 뛰어노는 것을 좋아해서 치마를 입히지 않고 키웠는데 중학교에 입학하고 보니 스타킹을 신고 치마를 입어야 했다. 아이에게는 아침마다 교복을 입는 것부터가 스트레스였다.

친했던 친구들과는 다른 학교로 배정되어 미처 친구도 사귀지 못했는데 담임선생님은 중간고사에서 80점 미만은 몽둥이로 맞을 줄 알라고 엄포를 놓았다. 아이는 그런 선생님을 향해 성적으로 겁을 주고 때리는 것은 잘못된 것 아니냐고 따졌다. 선생님은 갓 입학한 신입생이 선생님 말씀에 토를 달고 대든다고 생각하여 감정이 상했고, 그렇게 작은아이는 버르장머리 없는 아이로 낙인찍혔다.

집에서는 성적이 중요한 것은 아니라고 배웠는데 중학교에 들어가자마자 모든 것이 성적으로 평가되는 것 같은 데다 이의 제기를 하는 자기를 향해 선생님 말씀에 반항하는 못된 아이로 낙인찍어 아직 관계 맺기가 되지 않은 친구들로부터 외면당했다. 그때부터 아이에게 학교는 지옥이었다.

그렇다고 학교에 가지 않겠다고 하는 아이를 그대로 받아들일 수도 없었다. 아침마다 교문 앞까지 태워다 주고 담임선생님을 만나 신앙 안에서 바르게 성장한 아이니까 조금만 기다려 주시면 학교생활을 잘 해낼 테니 기다려 달라고 부탁드렸다. 담임선생님은 아이의 초등학교 6학년 담임선생님께 전화해서 아이에 대하여 알아보았고, 초등학교 6학년 때 담임을 맡았던 선생님은 전화하셔서 "네가 어떻게 그럴 수 있니? 선생님께 그렇게 하면 안 되지."라고 훈계를 하셨다. 아이는 심한 충격을 받았고 다른 사람과 눈을 마주치지 못했다.

❋ 오직 한 아이의 엄마로 존재하는 삶

아이를 살리기 위해 내가 선택할 수 있는 것은 아이를 이해하는 것이 아니라 무조건 아이 편이 되어 주고 아이를 사랑하는 것이었다. 나는 3일 동안 금식한 후 외부 활동을 모두 중단하고 무조건 아이 편이 되어 주기로 했다. 그리고 6년 동안 동네와는 조금 떨어진 곳에 있는 농장에서 오직 한 아이의 엄마로 존재하는 삶을 살았다.

한 아이의 엄마로 산다는 것이 쉬운 일이 아니었다. 학교에 가야 할 아이가 김치를 담그는 내 옆에 쪼그리고 앉아 김치는 어떻게 담그는지, 뭐를 얼마나 넣어야 제맛이 나는지 묻는다. 속에서

부글부글 감정이 올라와 즐겁게 설명해 주며 함께하기가 힘들어, 올라오는 감정을 꾹 누르고 대충대충 이야기한 후 빨리 그 자리를 벗어나려고 서두른다.

어떤 날은 오전 10시가 되도록 이불 속에서 뒹구는 아이를 보니 설거지해서 올려놓은 그릇들을 와장창 깨뜨리고 싶은 충동이 올라오는 것을 어떻게 할 수 없어 화장실로 달려가 펑펑 울었다. 아이는 엄마가 갑자기 왜 우는지 몰라 어리둥절해하며 왜 우느냐고 물었다.

그때는 몰랐다. 하나님이 왜 그렇게 힘든 아이를 나에게 맡기셨는지⋯. 20여 년의 세월이 흘러 즐거운 집 그룹홈을 운영하며 하나님의 오묘한 섭리를 깨달을 수 있었다. 작은아이를 힘들게 키우지 않았다면 지금의 아이들을 도저히 이해하지 못하는 것은 물론이고, 사랑한다는 것은 상상도 할 수 없었을 것이다.

아이와 함께한 홈스쿨을 하는 6년 동안 나를 내려놓는 훈련을 통해 모난 부분이 다듬어지고 아이는 믿고 기다려 주어야 한다는 것을 배웠으며, 내 마음의 평화를 유지하는 방법을 터득했다. 작은아이는 나에게 혹독한 선생님이었던 것이다.

❀ 이해할 수는 없지만 기다리고 용서하며

그런데도 때로는 아이를 사랑하려고 하기보다 이해하려고 하고 이해할 수 없음에 머리가 아프기도 한다. 6학년 때 만나게 된 현우는 엄마를 알지 못하고 형의 폭력이 습관이 되어 무기력해진 아이다. 시내에서 조금 떨어진 곳에 있는 우리 집에서 형의 폭력으로부터 격리되어 안정된 생활을 하면서 학교 적응도 잘하고 큰 문제없이 일 년을 보냈다.

그런데 중학교에 입학하면서 형과 예전에 놀던 친구들을 만나면서 예전의 모습으로 되돌아갔다. 담배를 피우고 새벽 2~3시에 귀가하는 것은 다반사고 다른 아이가 차량에서 금품을 훔치는 것을 망을 봐주고 돈을 받았는데, 절도범이 검거되면서 경찰 조사를 받았다. 나 또한 보호자로 경찰에 가서 현우의 평소 생활에 대하여 진술하며 선처를 부탁해야 했다. 이후로도 몇 번 더 경찰서 문턱을 넘어 현우를 보호하기 위하여 용서를 빌었다.

주변에서는 다른 아이들에게 영향을 미칠 수도 있으니 다른 곳으로 보내야 하지 않겠느냐고 했다. 그러나 내 생각은 달랐다. 바가지로 바닷물을 퍼내는 것과 같이 내가 하는 일이 작고 또 작은 일이라 할지라도 한 아이가 누군가로부터 지속적인 관심과 사랑을 받는다면 몸과 마음이 건강하게 성장할 수 있다고 믿고, 내가 그 누군가가 되는 것이 '즐거운 집'을 시작한 이유이기 때문에 결코 포기할 수 없었다.

조건 없이 받아 주고 돌보아 주며 학교에 다닐 수 있도록 해 주는데 그런 나와의 약속을 몇 번씩 어기며 밤늦게 다니고 범죄에

연루되어 경찰서에 왔다 갔다 하면서도 미안한 마음이 들지 않는 모양이다. 고등학교에 입학해서는 한 학기를 마치고 학교를 그만 두겠다고 했다. 친부와 상담 끝에 학교를 그만두고 검정고시 준비를 하도록 안내했는데, 몇 개월 지나지 않아 다시 학교로 돌아가겠다고 했다. 결국 다른 학교 1학년으로 입학해 후배들과 함께 학교를 다닌다.

그런 아이를 이해할 수는 없지만, 현우가 바르게 성장하기를 바라는 마음으로 기다리고 또 기다리며 용서하고 또 용서했다. 현우는 조금씩 아주 조금씩 변했고 2학년이 된 지금은 학급 반장으로서 성실하게 학교생활을 하고 있다. 그리고 고등학교를 졸업하면 중장비 자격증을 따서 중장비 일을 하고 싶다는 꿈을 꾸고 있다.

❀ 이해하려고 하지 말고 사랑하기

비단 즐거운 집 그룹홈 같은 사회복지시설에 오는 아이들만 어긋나는 것은 아니다. 6학년인 민서네 반에 새로운 아이가 전학을 왔다. 인근의 초등학교에서 두 번이나 강제전학을 당하여 세 번째 온 학교라고 한다. 아이는 순간적인 감정을 참지 못하고 싸우는데 빗자루나 쓰레기 집게 또는 우산 같은 도구를 가지고 아이들을 공격하고 자기 핸드폰으로 폭력적이고 잔인한 게임을 하면서도 친구들의 이름을 넣어 게임을 했다.

그러던 어느 날, 실제로 휴대폰 충전기 줄로 키가 작고 왜소한 선우를 붙잡고 친구들이 보는 앞에서 "지금부터 휴대폰 충전기 줄로 선우의 목을 졸라 살해하겠습니다." 하고는 선우의 목에 줄을 감았다. 선우는 숨이 막혀 헉헉거리며 버둥거렸고 이 모습을 본 여학생들이 멈추라고 소리를 지르는 바람에 중단되었다. 아이는 아쉽다는 듯 "아~ 선우의 목을 졸라 살해할 수 있었는데 실패했습니다."라고 중얼거렸다.

학교가 발칵 뒤집히고 학교폭력위원회가 열렸다. 학부모들은 강제전학을 요구했는데 졸업이 한 달밖에 남지 않아 3주 정학으로 아이들과 격리한 후 졸업시키는 것으로 마무리되었다. 우리 아이를 보호하기 위해 그 아이를 다른 곳으로 보내고 싶은 것은 모든 부모의 마음이지만 강제전학만이 능사는 아니다. 누군가 그 아이에게 지속해서 관심을 보이고 진심으로 사랑한다면 달라질 수 있다고 믿는다.

그러나 그 아이에게는 누군가가 없다. 엄마 아빠와 함께 살고 있지만, 아이를 인정하고 함께하지 못 하는 것은 아닐까? 내가 개입할 수 있는 상황도 아니고 개입할 일도 아닌데, 그 아이가 눈에 자꾸만 밟혀 새벽마다 무릎 꿇고 그 아이를 위해 기도한다.

"하나님, 지속해서 관심을 가지고 사랑해 줄 누군가를 그 아이에게 보내 주세요. 그 아이가 몸과 마음이 건강한 사회 구성원으로 성장하도록 도와주세요."

 기성세대가 요즈음의 아이들을 이해하기는 쉽지 않을 것이다. 아무리 이해하려고 해도 이해할 수 없는 벽이 존재한다. 아이는 이해힐 대상이 아니라 사랑해야 할 대상임을 기억하고 이해하려 하지 말고 사랑하기를 바라는 마음이다.

아이에게는 놀이가
의사소통의 통로다

　초등학교 4학년 진우가 수업 시간에 집중을 안 할 뿐만 아니라 수업을 방해하는 행동으로 선생님을 힘들게 해서 상담 요청이 들어왔다. 학교 상담 선생님의 요청이어서 담임선생님을 뵙기 전에 상담 선생님을 만나 상담을 했다. 선생님은 지금 치료하지 않으면 더 힘들어질 수 있다고 하시며 조심스럽게 약물치료를 제안하셨다. 나는 아이를 위해서는 약물치료 하는 것을 반대하지만, 선생님이 수업하시기가 힘들고 친구들이 수업을 할 수 없다면 약물치료를 고려해 보겠다고 하고 나왔다.

　그리고 진우의 교실로 가서 담임선생님을 만나 진우의 학교생활에 대하여 여쭈었다. 조금 산만하기는 하지만 그렇다고 아주 많이 통제가 안 되는 것은 아니라고 말씀하셨다. 아직 선생님도 진우의 성향을 다 파악하지 못했고 진우 또한 선생님을 잘 몰라서 줄다리기하는 중이지만 충분히 함께 수업이 가능하다고 말씀하셨다. 그리고 약물치료를 반대하셨다.

❋ 놀이 치료를 시작하다

진우는 애착 형성이 안 되고 방임되었던 아이로, 대근육이 잘 발달하여 달리기를 잘하고 밖에서 뛰어노는 것을 좋아한다. 반면에 소근육이 잘 발달하지 않아 글씨 쓰는 것을 힘들이하고 가만히 앉아 있기도 어렵다. 상황 판단이 빠르고 대처능력도 있으며 머리가 나쁜 것은 아닌데 조금도 생각하려고 하지 않는다.

진우가 학교생활을 잘할 수 있도록 어떻게 도울 수 있을까 고민하던 중 마침 '한국아동복지협회'에서 '심리·재활 치료사업'이 공지되었다. 진우를 비롯한 세 명의 아이를 신청했고 선정되어 종합검사를 하고 놀이 치료를 하게 되었다. '놀이 심리상담' 선생님과 진우가 40분 동안 놀이를 하고 10분 정도는 내가 선생님과 상담할 수 있는 시간이 주어졌다.

선생님은 진우가 놀이 도구를 선택하는 과정부터 놀이를 하면서 표출했던 행동들을 이야기하고 선생님은 그때 진우가 느끼는 감정을 표현하도록 했다. 그뿐만 아니라 진우의 행동이나 말에 의해 선생님이 느끼는 감정을 이야기해 주어 다른 사람의 감정에 대하여도 알아 가도록 했다.

지금까지 아이들에게 '심리 정서 서비스'를 통해 미술치료나 상담치료를 받을 수 있도록 했지만, 몸으로 와 닿을 만큼 변화가 느껴지지 않았다. 그런데 놀이 치료는 놀이를 하면서 이기고 지는 과정을 통해 마음속에 내재되어 있는 억압된 감정을 밖으로 표현하도록 하고 다른 사람의 감정이나 느낌에도 공감할 수 있도록 한다는 점에서 긍정적으로 느껴졌다.

❀ 놀이는 최고의 의사소통 훈련이다

아이가 사용하는 소통법은 발달 단계에 따라 달라지지만 주로 우는 것, 거부하는 것, 침묵을 지키는 것 등 부정적인 것이 대부분이다. '엄마, 나는 지금 이런 것을 원하는데 엄마가 해 주지 않아서 서운해요. 엄마, 이런 것을 해 주면 좋겠어요.'라고 말을 하는 아이는 극히 드물다. 아이들은 떼쓰고, 반항하고, 삐지고, 울고, 고래고래 소리를 지른다. 원하는 것이 더 이상 주어지지 않고 세상이 내 맘대로 되지 않는다는 것을 알면서 생기는 좌절감을 표출하는 것이다.

이때 아이의 욕구에 공감해 주고 욕구를 말로 표현할 수 있도록 훈련하지 않으면 성장해서도 자신의 모든 감정을 화내고, 소리지르고, 침묵하는 것으로 표현한다. 조금 더 과격해지면 물건을 집어 던지고 부수거나 주먹을 휘두르게 된다. 이때 주변 사람들은 왜 화를 내고 소리를 지르는지 아무도 모른다는 것이 문제다.

아이에게 있어서 놀이는 자기의 욕구를 표현하는 연극과 같다. 엄마가 교육교재로 놀아 주고 가르쳐 주는 것은 엄마와 뭔가를 한다는 것 외에는 의미가 없다. 뭔가를 습득할 수는 있지만 진정한 놀이는 아니다. 색칠 놀이를 하더라도 아이가 자기만의 색을 칠하는지 원래 색을 보고 칠하는지, 엄마가 얼마나 개입하는지, 엄마가 한마디 하면 얼마나 민감하게 반응하는지, 혼자 하고 싶어 하는지 엄마랑 같이하고 싶어 하는지 등등 모두가 욕구의 표현이고 주옥같은 정보다. 엄마는 이런 정보들을 가슴에 새기고 아이와의 소통에 활용해야 한다.

『노는 만큼 성공한다』의 저자 김정운 교수는 놀이는 최고의 의사소통 훈련이며 놀이가 곧 의사소통이라고 말한다. 그런데 의사소통이 되는 놀이를 하기가 만만치 않다. 놀이는 놀이 자체가 최상의 목적이어야 하고 놀이하는 아이들의 자발적인 의사에 따라 시작되고 중지되어야 하는데, 기본적으로 엄마는 아이에게 뭔가를 가르치려고 하거나 엄마의 생각대로 놀이를 주도하려고 한다. 그 순간 그것은 이미 놀이가 아니다.

✽ 아이에게 끊임없이 느낌을 이야기해 준 결과

여섯 살 소리는 자석 블록을 가지고 노는 것을 좋아한다. 3년째 싫증도 내지 않고 가지고 노는데 놀 때마다 다양한 모양을 만들어 이야기를 꾸민다. 소리가 선생님께 같이 자석 블록을 가지고 놀자고 하면, 선생님은 자기가 생각하는 방법대로 만들어 주려고 한다. 그러면 소리는 화를 내며 그렇게 하지 말고 이렇게 해야 한다고 우기거나 화를 낸다. 선생님은 소리가 말하는 의미를 파악하지 못하고 그럼 너 혼자 놀라고 말한다. 소리는 울먹이며 선생님이 혼자 놀라고 한다 말하고는 나에게 온다.

소리가 자석 블록을 가지고 놀 때 선생님이 만들어 주기 원하는 모양이 있다. 직육면체 모양의 기본 틀을 만들어 주면 소리는 그것을 가지고 다양하게 변형하고 색을 맞추며 이야기가 있는 모양을 만들어 낸다. 그리고 끊임없이 스토리가 있는 이야기를 한다.

소리는 자기표현을 잘하는 아이다. 갓난아기 때 내 감정이나 느낌에 대하여 많은 이야기를 들려준 결과가 아닐까 싶다. 가령 기저귀를 갈아 줄 때도 그냥 갈아 주지 않고

"소리가 쉬를 해서 기저귀가 많이 젖었네. 그래서 기저귀를 갈아 줄 거야."

"날씨가 추워서 빨리 갈아 줄 테니까 조금만 참아 주면 좋겠어."

"그리고 엄마가 기저귀를 빨리 갈 수 있도록 소리가 도와줄래?"

"그렇지, 그거야. 다리에 힘을 주고 쭉 뻗어 주면 엄마가 얼른 기저귀를 빼고 뽀송뽀송한 기저귀로 바꿔 주면 되거든."

"와우, 소리가 엄마를 도와주어서 금방 기저귀를 다 갈았네. 어때? 기분이 상쾌하지?"

"소리가 기분이 좋아서 웃는 것을 보니까 엄마도 너무 기분이 좋고 행복해."

기저귀를 갈거나 우유를 먹이거나 목욕을 시킬 때 소리가 알아듣든지 못 알아듣든지 끊임없이 이야기를 해 주었는데 다섯 살 소리는 자기의 감정이나 생각을 정확하고 다양하게 표현한다.

❋ 놀이를 통해 소통하는 최상의 교육

놀이를 할 때도 소리의 생각과 느낌을 표현할 수 있도록 하기 위해 '놀이 심리상담 치료사 1급' 자격증을 취득했다. 물론 소리만을 위한 일은 아니다. 즐거운 집 그룹홈에서 성장하는 아이들 모두를 위해 필요하다고 생각되었기 때문이라는 것이 더 옳다. 유아교육을 전공하고 20여 년 동안 아이들을 가르치고 돌보는 일을 해서 내용이 쉽게 이해되었고 현장에서 적용하는 데도 크게 어려움이 없을 것 같았다.

놀이 치료를 하는 것은 일주일에 한 번 40분 정도다. 그 정도의 놀이 치료를 통해 아이의 억압된 감정을 풀어내고 자기조절 능력이 향상된다면, 주 양육자가 놀이치료사가 되어 매일 아이와 놀이를 하며 아이 스스로가 자신의 감정을 표현하고 자기를 조절하는 힘을 키울 수 있도록 도와주는 것이 좋지 않을까?

전문가라 할지라도 한순간 아이를 보고 정확하게 판단할 수는 없다. 그렇다고 전문가가 아이를 계속 따라다니며 관찰할 수도 없는 일이다. 아이를 가장 잘 아는 것은 주 양육자이고 주 양육자가 아이와 놀이를 통해 소통할 수 있다면 최상의 교육이 될 것이라고 확신한다.

자녀 양육은 지식이 아니라
기술이다

　인터넷 서점에서 '자녀'라는 단어를 치면 자녀 교육이나 자녀 양육 관련된 책들이 10여 권 검색된다. 네이버에 검색을 하면 그보다 더 많은 자녀 교육 관련 사이트가 검색된다. 그만큼 자식을 잘 키우는 것이 모든 부모의 숙제요 로망이다. 그러나 자식을 잘 키운다는 것이 생각처럼 만만한 일은 아니다.

　어른들은 모두가 내 맘대로 안 되는 것이 자식이라고 말한다. 자녀를 낳아 키워 본 사람으로서 100% 공감이 가는 말이다. 첫아이가 잉태되었을 때 생명의 신비함에 푹 빠져 버렸다. 아이를 낳는 고통도 밤잠 설치는 날들도 고통이 아닌 행복으로 느껴졌다. 고개를 가누고 뒤집고 기고 걷는 그 과정과 티 없이 맑게 웃는 아이의 웃음은 모든 피로를 한 방에 날려 버릴 만한 위력을 갖고 있었다.

❀ 왕초보 엄마가 지혜로워지기까지

문제는 아이가 성장하면서 먹이고 입히고 가르치는 일이 만만하지 않다는 것이다. 다른 아이들이 먹는 것을 먹고 싶어 했고 입고 신는 것 또한 다른 아이들처럼 하고 싶어 했다. 공부를 열심히 해서 잘해 주면 좋겠는데 공부하라고 하면 도리어 짜증내며 성질을 부린다. 이런 아이와 엄마의 줄다리기는 대학을 졸업하고 사회생활을 할 때까지 계속된다.

나는 엄마가 된다는 것이 어떤 것인지 알지 못하고 엄마가 되었다. 스물일곱에 아들을 낳고 서른둘에 딸을 낳아 키우면서 어려움이 많았다. 요즈음처럼 영아 전담 어린이집을 비롯한 다양한 보육시설이 있는 것도 아니고 아이를 돌봐줄 어른들이 계신 것도 아니어서 혼자 일을 하며 아이를 키우다 보니 아이들에게 필요 이상으로 화를 내기도 하고 아이 스스로 할 것을 요구하는 경우도 많았다. 그렇게 왕초보 엄마다 보니 아이가 재능을 발휘할 수 있도록 가르치거나 안내하는 것은 상상도 못 했다.

내 아이를 비롯하여 열다섯 명의 아이를 키우는 34년 동안 책을 읽고 교육을 받으며 어떻게 하면 아이들이 즐겁게 잘할 수 있는 것을 열심히 할 수 있도록 할까를 고민하며 시도하고 또 시도했다. '사람은 실수를 통해 지혜로워진다'는 독일 속담처럼 실수와 시행착오를 거치며 지혜로워져서 지금은 어려움 없이 아이들이 자신의 재능을 발휘할 수 있도록 양육하고 있다.

✳ 대니얼코일이 말하는 특별한 재능

『탤런트 코드』의 저자 대니얼코일은 '특별한 재능이라는 것은 과연 타고난 유전자에 의해 결정되는 것일까, 혹은 외부적인 환경에 의한 것일까? 만약 노력으로 되는 것이라면 왜 비슷한 조건에서 똑같이 노력하는 사람들에게서도 엄청난 차이가 발생하는 걸까?' 하는 의문을 품고 2006년 12월부터 14개월 동안 별 볼일 없어 보이는 장소에서 엄청난 능력을 발휘하는 개인과 집단을 연구하여 모든 경우에 적용되는 공통된 패턴을 발견했다.

이러한 패턴이 인간의 뇌가 스킬을 습득하는 근본적인 메커니즘과 관련 있음을 밝혀내고 2009년 『탤런트 코드』를 출간했다. 이 책은 출간 첫 주에 아마존 종합 베스트셀러 10위 안에 진입하고 지금까지도 독자들의 뜨거운 호응을 받고 있다.

'탤런트 코드'는 미엘린이라는 신경 절연 물질을 비롯하여 과학계의 여러 가지 혁명적인 발견을 바탕으로 수립된 개념으로, 내용은 크게 심층 연습, 점화, 마스터 코칭의 세 부분으로 되어 있다. 미엘린은 축삭의 겉을 여러 겹으로 싸고 있는 인지질 성분으로 중추신경계와 말초신경계 모두에 존재하는데, 보편적이고 대개 성장기에 가장 빨리 두꺼워지지만 평생 이 과정이 지속될 수 있으며 모든 사람이 미엘린층을 두껍게 만들 수 있다는 데 희망이 있다.

미엘린층을 두껍게 만들기 위해서는 집중해서 반복하는 연습이 필요한데, 이런 연습을 지속하기 위해서는 내가 왜 그 일을 하는가에 대한 확실한 답을 가지고 있어야 한다. 어렵고 힘든 과정을 지속하도록 하는 동기부여와 함께 정확하게 피드백을 해 주는 누군가가 있어야 한다. 문제는 아이가 실수와 시행착오를 거치며 미엘린층을 두껍게 형성할 수 있도록 정확하게 피드백을 해 주는 부모가 많지 않다는 것이다.

성경 마태복음 25장에 달란트 비유가 나온다. 어떤 사람이 타국에 갈 때 그 종들을 불러 자기 소유를 맡기는데 각각 그 재능대로 한 사람에게는 금 다섯 달란트를, 한 사람에게는 두 달란트를, 한 사람에게는 한 달란트를 주고 떠났다. 다섯 달란트를 받은 종은 바로 가서 그것으로 장사하여 또 다섯 달란트를 남기고, 두 달란트를 받은 종도 그같이 하여 또 두 달란트를 남겼으나, 한 달란트를 받은 자는 가서 땅을 파고 그 주인의 돈을 감추어 두었다.

그리고 오랜 시간이 지나 주인이 돌아와 결산할 때 다섯 달란트와 두 달란트를 받은 종은 장사를 해서 두 배가 되었다고 하지만, 한 달란트를 받은 사람은 당신은 굳은 사람이라 심지 않은 데서 거두고 헤치지 않은 데서 모으는 줄을 알고 두려워서 땅에 감추어 두었고 그 달란트가 여기 있다고 내어놓는다. 한 달란트는 6,000데나리온이고 1데나리온은 노동자의 하루 품삯이니까 6,000명의 노동자가 꼬박 하루를 일하거나 한 명이 16년 이상을 날마다 일해야 받을 수 있는 품삯을 말한다. 한 달란트는 결코 적은 돈이 아니다.

❀ 나에게 피드백을 주는 마스터 코치

모든 아이는 이와 같이 각기 재능을 가지고 태어나는데 누구는 재능을 발휘해서 영향력 있는 사람이 되고 누구는 재능을 꺼내 보지도 못한 채 나에게는 특별한 재능이 없다고 단정 지어 포기해 버린다. 무엇인가를 잘하는 아이는 그 분야의 특별한 재능을 타고났기 때문이라고 생각한다.

그러나 『탤런트 코드』의 저자 대니얼코일은 타고난 것이 아니라 만들어진 것이라고 말한다. 점화와 심층 연습 그리고 마스터코칭을 통해 누구나 천재가 되고 최고가 될 수 있음이 연구를 통해 확인되었음을 입증하는 예화를 제시한다.

돌이켜 보면 30년 전 나는 변두리에서 남편과 함께 허름한 천막사를 운영하는 천막사 아줌마였다. 당시의 나를 알고 이후 내가 어떻게 살았는지 모르는 사람은 지금도 나를 보면 천막사 아줌마 아니냐고 반갑게 인사를 건넨다. 그런 나를 변화시킨 것은 책이다. 책이 나를 점화시킨 작은 불씨였고 정확하게 나에게 피드백을 주는 마스터 코치였다.

책을 통해 알게 된 지식을 내 삶에 적용하고 그 결과를 분석하며 느리게 아주 느리게 변하기 시작했다. 2016년에는 경기도에서 처음으로 300여 명이 모인 경기아동청소년그룹홈 여름 캠프를 기획하고 추진하는 일을 맡아 진행하게 되었다. 나에게 그런 카리스마와 리더십이 있다는 사실에 나도 놀라고 주변 사람들도 놀랐다.

물은 100℃가 되어야 끓는다. 그 이전까지는 특별한 변화가 없어 보이지만 안에서는 서서히 물의 온도가 올라가고 있다가 100℃가 되는 순간 펄펄 끓게 되는 것처럼 조금씩 변화되어 한순간 수면 위로 떠오르는 것이다.

✳ 적절한 피드백으로 아이에게 동기부여를

판소리 공연을 보면 소리를 하는 사람과 장단을 짚는 고수가 호흡을 맞추어 공연을 하는데, 고수가 관중의 흥을 돋우기 위해 중간중간 '얼쑤', '잘한다', '좋다' 같은 감탄사를 넣는다. 이런 감탄사를 추임새라고 하는데 아이를 양육할 때도 이런 추임새가 필요하다.

추임새는 아이의 자존감을 높이고 동기부여가 되어 아이가 더욱 신명 나게 놀고 학습하고 배워 갈 힘을 얻게 된다. 추임새는 긴 설명을 필요로 하지 않는다. "와우! 대단해.", "그렇지, 바로 그거야.", "정말 대단하구나.", "좋아, 좋아. 아주 잘했어.", "오~ 멋진데." 같은 추임새는 단순하지만 어려운 과정을 견디어 낼 힘을 준다.

엄마가 아이에게 바르게 성장하도록 훈육하다 보면 화가 머리 끝까지 치밀어 오르는 경우가 있다. 아이와 상관없이 내 생각대로 만들어 가려고 하기 때문에 생기는 부작용이다. 엄마가 먼저 책을 읽고 분석하여 미엘린층을 두껍게 만들고 아이의 현재 위치와 앞으로 가야 할 방향을 파악하기 위해 언제든지 사용할 수 있는 지식과 경험과 지혜를 바탕으로 순간포착을 잘해서 적절한 피드백을 주어야 한다. 판소리 공연에서 추임새가 흥을 돋우듯 적절한 피드백은 아이에게 동기부여가 되어 강요하지 않아도 스스로 생각하고 도전하게 된다.

이런 일련의 과정은 어느 날 갑자기 주어지지 않을 뿐만 아니라 내가 공부를 잘했다고 해서 아이를 잘 가르칠 수 있는 것이 아니다. 공부를 잘하는 것은 지식을 습득하는 능력이 있다는 것이고, 아이를 잘 가르친다는 것은 내가 가진 지식과 경험과 지혜를 아이가 잘 이해할 수 있도록 전달하는 기술이기 때문이다. 오랜 시간 훈련을 해야 기술을 습득하듯이 육아를 잘하는 기술도 부단한 훈련을 통해 습득할 수 있다.

그런데 안타깝게도 육아는 직접적인 훈련을 통해 기술을 습득할 수가 없다. 그렇다고 실수와 시행착오를 거치며 아이를 양육하고 후회하며 살 수도 없는 일이다. 육아 관련 도서뿐만 아니라 아이의 기질과 마음을 알 수 있는 책을 읽고 분석하여 그것을 어떻게 육아에 적용할 것인가를 고민하고 또 고민하는 방법밖에 없다.

아이의 기질과 습관을 알고 표정과 행동을 보며 그때그때 적절한 피드백을 어떻게 해 주느냐에 따라 완전히 다른 아이가 된다. 자녀 양육은 지식이 아니라 기술이기 때문이다.

자기 조절력이
아이의 미래를 결정한다

갓난아기 때부터 길러져야 하는 자기 조절력은 아이의 100년 인생을 좌우할 것이다. 아이의 미래를 고민하는 부모라면 아이의 자기 조절력을 형성하고 보완해 주는 데 온 힘을 기울여야 한다.

칭찬과 절제는
동전의 양면과 같다

　누구나 인간관계에서 긍정적 관심과 칭찬 그리고 격려가 중요하다고 생각하지만 실제로 가정과 직장의 일상생활에서 다른 사람에 대해 긍정적 관심을 가지고 지속해서 칭찬과 격려를 하는 사람은 드물다. 오히려 우리 삶은 타인에 대한 무관심과 부정적 반응으로 둘러싸여 있다. 가만히 생각해 보면 가정과 직장에서 다른 사람들이 일을 잘하고 있을 때는 무관심하다가 잘못된 일이 생겼을 때만 흥분하고 질책한다. 특히 가정에서 아이들에게 더욱더 그렇다.

　지난 2002년 『칭찬은 고래도 춤추게 한다』는 책이 나오면서 아이는 칭찬으로 키워야 한다는 의식 전환이 이루어졌다. 이전 세대는 말할 것도 없고 1960~70년대 유년기를 보낸 사람들은 집 안에 사랑의 매라고 이름을 붙인 회초리가 걸려 있고 어른들이 보기에 잘못했을 때 종아리에 피멍이 들도록 맞은 경험이 있을 것이다.

가정에서뿐만 아니라 학교에서도 반 전체 성적이 나쁘다는 이유로 책상 위로 올라가 무릎 꿇고 앉아 허벅지를 맞거나 손등을 맞는 것이 보통 있는 일이었다. 그것이 아이를 훈계하는 정당한 방법으로 인식되어 아무도 이의를 제기하지 않았다. 심지어 부모님께 말씀드려도 맞을 일을 했으니까 맞은 것 아니냐며 아이의 마음을 읽어 주기보다 선생님의 행동을 정당화했다.

❋ 세 살 버릇 여든 간다

그런데 아이를 칭찬으로 키워야 한다는 의식화가 이루어지면서 젊은 엄마들 사이에서는 무조건 아이를 칭찬하며 키우는 것만이 교육을 잘하는 것이라 생각하여 다른 사람들의 눈살을 찌푸리게 하는 경우도 많다. 많은 사람이 이용하는 식당에서 아이가 큰 소리로 떠들고 뛰어다니며 소란을 피워 엄마에게 아이를 자제시키도록 얘기했다가 당신이 뭔데 우리 아이 기죽이냐는 핀잔을 듣기도 했다.

칭찬을 언제 어떻게 해야 하는가에 대한 구체적인 방법을 모른 채 무조건 칭찬만 하면 잘 성장하는 것으로 착각한 양육 태도는 훗날 눈물 흘리며 후회하게 만들지도 모른다. 갓난아기 때부터 칭찬과 절제를 함께 가르치지 않으면 아이는 자기만이 잘하고 칭찬받아 마땅하고 세상 모든 일이 자기를 중심으로 돌아간다는 자아도취에 빠지게 된다. 다른 사람들과 함께 더불어 살아야 하는 세상에서 칭찬만 들으며 성장한 사람은 설 자리가 없다.

'세 살 버릇 여든 간다.'는 속담이 있다. 어려서 길든 습관은 그만큼 바꾸기가 힘들다는 말이다. 유아기부터 되는 것과 안 되는 것, 해야 하는 일과 하지 말아야 하는 일에 대하여 분명하게 인지하도록 가르쳐야 한다. 특별히 고집이 센 아이의 경우 아이와의 싸움이 싫어 엄마가 그냥 들어주는 경우가 많다. 그런 일이 반복되면 나중에는 엄마를 이기는 아이가 된다.

여섯 살 소리는 좋아하는 것과 싫어하는 것이 분명하고 어휘력이 풍부하여 자기가 하고 싶은 것에 대하여 논리적으로 요구하면 거절하기가 만만치 않다. 예를 들면 아침에 일어나서 밥상에 앉으며 공룡 메카드가 사고 싶다고 했다. 집에 있는데 또 살 필요가 있느냐고 했더니 공룡메카드 종류가 많은데 자기가 가지고 있는 것은 네 개뿐이고 다른 것도 갖고 싶으니까 아침밥 먹고 사러 가자고 한다. 지금은 밥 먹고 어린이집 가야 하고 마트도 10시 넘어야 문을 열기 때문에 살 수 없다고 했다. 그래도 사고 싶다고 하더니 지금은 어린이집 갈 시간이라는 말에 순순히 어린이집에 갔다.

어린이집에서 돌아온 소리는 현관에서 옷도 벗지 않고 공룡메카드를 사러 가자고 했다. 지금은 사러 갈 수 없다고 했지만 왜 안 되냐고 따지며 울고 떼를 썼다. 울고 떼쓴다고 살 수 있는 것이 아니라고 말하고 들어오도록 했다. 마지못해 들어와 계속해서 공룡메카드를 사고 싶다고 떼를 쓰는 소리에게 오늘은 안 되고 다음에 시간을 내서 갔다 올 수 있다고 했다.

그렇게 넘어가는가 했더니 다음 날 어린이집에서 돌아오자마자 다시 공룡메카드를 사러 가자고 한다. 엄마가 다음에 가자고 했고 오늘이 다음이란다. 오늘이 어제는 아니고 지금이 오늘이고 오늘은 다음이니까 사러 가야 한다는 이야기다. 여섯 살 아이의 논리에 설득당해 마트로 향했다. 수많은 장난감 중에 공룡메카드가 있는 곳을 찾아간 소리는 집에 없는 종류 하나를 집어 들었다.

마트에 갈 때 사야 할 품목을 메모해 가서 그 물건만 사 오는 것을 보아 온 소리는 그날 자기가 사기로 한 것 외에는 관심을 두지 않는다. 구경하며 재미있겠다고 말은 하지만 사 달라고는 하지 않는다. 어려서부터 그렇게 하는 소리를 보면서 견물생심이라고 눈으로 보면 사고 싶을 텐데 훈련하기에 따라 절제가 가능하다는 것을 알게 되었다.

❀ 칭찬의 10가지 원칙

작년 11월 『칭찬은 고래도 춤추게 한다』가 120만 부 판매 돌파 기념으로 초판 발간 16년 만에 스페셜 에디션으로 출간되었다. 저자 켄 블랜차드는 '칭찬의 10가지 원칙'을 들어 그 구체적인 방법을 설명한다.

| 칭찬의 10가지 원칙 |

1. 칭찬할 일이 생겼을 때 즉시 칭찬한다.
2. 잘한 점을 구체적으로 칭찬한다.
3. 가능한 한 공개적으로 칭찬한다.
4. 결과보다는 과정을 칭찬한다.
5. 사랑하는 사람을 대하듯 칭찬한다.
6. 거짓 없이 진실한 마음으로 칭찬한다.
7. 긍정적인 눈으로 보면 칭찬할 일이 보인다.
8. 일이 잘 풀리지 않을 때 더욱 격려한다.
9. 잘못된 일이 생기면 관심을 다른 방향으로 유도한다.
10. 가끔은 스스로를 칭찬한다.

누구나 칭찬을 들으면 기분이 좋다. 그런데 칭찬만 해서 키울 수 없는 것이 우리 아이들이다. '과하면 모자람만 못하다.'거나 '입에 쓴 약이 몸에 좋다.'는 우리나라 속담이 있다. 칭찬도 과하면 오히려 독이 될 수 있기 때문에 상황에 따른 적절한 칭찬을 하되 잘못했을 때는 무엇이 잘못되었는지를 이야기해 주고 반복되지 않도록 해야 한다. 옳고 그른 것을 분별하는 것은 어려서부터 훈련되지 않으면 성인이 되어서도 옳고 그름을 분별하지 못하고 주변 사람들을 힘들게 만든다.

❀ 따뜻한 관심과 함께하는 칭찬

아이들의 인권이 중요하게 부각되면서 학교는 물론 아이들과 함께 하는 모든 곳에서 체벌이 금지되었다. 즐거운 집 그룹홈도 예외는 아니어서 해마다 연초가 되면 종사자 모두가 체벌금지 서약서를 작성한다. 그러다 보니 아이들을 훈육하기가 쉽지 않다.

체벌하지 않고 칭찬과 격려로 아이를 키워야 한다는 것은 알지만 현실에서 폭력적인 성향이 있는 아이를 훈육하는 것은 쉽지 않다. 다년간의 경험이 있는 선생님이 인내를 가지고 아이와 대화를 통해 폭력이 왜 안 되는지를 설명하고 인식시켜서 의식이 변하도록 해야 하는데 그 과정이 절대 만만치 않다.

이런 아이들에게 따뜻한 관심과 함께하는 칭찬은 보약이 된다. 보약은 한의사의 처방에 따라 주의할 식품을 주의하며 먹어야 하듯, 칭찬도 아이에게 맞는 방법으로 이루어져야 하며 절제가 함께해야 한다. 칭찬과 절제는 동전의 양면과 같기 때문이다.

자기 조절력이
아이의 100년 인생을 좌우한다

요즈음은 아이 키우기 힘들다고 이구동성으로 말한다. 이전 세대의 부모들보다 훨씬 더 적극적으로 육아에 신경 쓰고 있는데 아이는 부모가 바라는 대로 자라 주지 않고 힘들게 하기 때문이다.

다양한 육아 정보를 활용해 교육해 왔는데 자기중심적인 성격과 참을성이 부족한 아이, 폭력성향이 강하고 소심한 아이, 무기력하고 나약하여 아무것도 하기 싫어하는 아이 등의 문제들이 내 아이에게서 보이게 되면 부모는 더욱더 실망하고 힘들어한다. 아이를 존중하며 상처 주지 않고 키우려고 열심히 노력했는데 무엇이 문제일까?

대한민국을 대표하는 정신과 의사로 많은 사람의 존경을 받는 이시형 박사가 쓴『내 아이의 미래를 고민하는 부모라면 자기 조절력부터』라는 책에서 아이들이 성장하면서 자기 조절력을 충분히 형성하지 못한 것을 그 원인으로 제시하며 감정조절력, 학습

능력, 자존감, 사회성 형성의 열쇠는 자기 조절력에 있다고 이야기한다.

✽ 0세~6세, 자기 조절력 형성의 골든타임을 놓치지 마라

아이들의 뇌 용량은 대체로 5~6세까지 성인의 거의 90% 가까이에 이르며 이 시기에 뇌의 기초 대부분이 만들어진다. 자기 조절력 또한 마찬가지다. 자기감성 조질력의 미약한 형성은 뇌의 자기조절 중추인 전전두엽의 기능이 충분히 발달되지 못했기 때문이다.

전전두엽은 감정·행동 조절력(자기 조절력), 감정이입 능력, 공감 능력, 감성과 이성 간의 균형 유지력, 합리적 판단력과 적절한 표현력, 건설적 문제해결력, 아픈 기억 소거력 등 인간 생활의 기본이 되는 능력을 관장하고 있다. 책임감, 리더십 등의 사회성, 정서 지능, 인내심, 좌절에도 재기하는 복구력 등에도 자기 조절력은 기본이 되는데 그 기본을 형성하는 시기가 태어나서 6세까지가 적기라는 것이다.

언제부터인가 아이들의 기를 죽이면 안 된다고 하여 아이의 뜻을 무조건 받아 주고, 격 없이 지내는 친구 같은 부모가 되는 것을 이상적인 부모의 역할로 생각하는 경우가 많아졌다. 끊임없는 인내와 친절로 아이를 무한애정으로 받아 주며 아이 중심으로 생활하는 가정이 점점 늘어나게 되었는데, 그렇게 자란 아이들이 참을성 없고 제멋대로인 아이가 되어 통제 불능 상태에 빠진 부모들이 많아지고 있다.

아이 중심으로 생활하며 무한애정을 쏟는 가정에서 성장한 아이들은 항상 자기 위주로만 돌아가지 않는 바깥세상에 상처 입고, 부모가 도와주지 않는 상황에서는 스스로 알아서 할 줄 아는 게 없는 어린아이 같은 어른으로 성장하여 자기 자신뿐만 아니라 주변 사람들을 힘들게 한다.

식당에 밥을 먹으러 갔는데 네 살쯤 되어 보이는 아이가 식당 안에서 뛰어다니며 소리를 지르는 모습을 보았다. 그 부모에게 아이를 좀 제지시켜야 하지 않겠느냐고 했다가 당신이 뭔데 우리 아이 기죽이냐는 말을 들어야 했다. 더 이상 말을 하면 싸움이 될 것 같아 꾹 눌러 참을 수밖에 없었지만, 무조건 아이가 하는 대로 내버려 두는 것을 아이 기 살리는 것으로 착각하는 젊은이와 아이가 안타까웠다.

한 번 엄마를 꺾어 본 아이들은 어떻게 하면 엄마를 자기 마음대로 조절할 수 있는지 알고 있다. 그래서 고집을 부리거나 떼를 써서라도 자기가 원하는 대로 하려고 하는데, 처음에는 안 된다고 했던 엄마도 계속해서 고집부리고 떼쓰면 아이의 요구를 들어주게 된다. 그렇게 되면 아이의 자기 조절력은 발달되지 않는다.

✳ 참고 기다리는 것을 못 하는 승진이 이야기

'즐거운 집 그룹홈'에 오는 아이들 연령대는 다양하다. 갓난아기 때 온 아이는 성장하면서 참고 기다리고 문제를 해결해 가는 방법을 배워 가지만, 6세가 넘어서 온 아이들은 방임이나 폭력을 경험하고 오는 경우가 많아 참고 기다리며 감정을 조절하는 것이 어렵다.

원가족 복귀를 앞두고 있는 승진이는 참고 기다리는 것을 못 한다. 엄마가 데리러 온다는 전화를 받으면 그 순간부터 모든 것이 정지되고 오직 엄마 오는 것에만 꽂혀 있다. 엄마가 오려면 두 시간은 남았는데 시계를 들고 창밖을 보고 있다. 잠시 후 밖에 나갔다 들어오기를 반복하며 그야말로 눈이 빠지게 기다린다.

엄마를 기다리는 것은 그럴 수 있다고 하지만, 인터넷에서 크리스마스 선물로 무선자동차를 구매했는데 크리스마스 전날 주겠다고 했음에도 불구하고 지금 주면 안 되느냐고 묻고 또 묻는다. 그리고 자기 생각대로 되지 않으면 화를 내고 물건을 던지며 폭력적인 행동을 한다.

그런 승진이를 불러 앉혀 놓고 모든 아기는 태어났을 때 예쁘고 사랑스럽고 귀여운 아기였는데 순간의 감정을 조절하지 못해서 다른 사람을 해치고 감옥에 간 사람들도 많다는 이야기를 들려주었다. 그리고 참고 기다리며 자기감정을 조절하는 훈련을 하지 않으면 누구라도 그렇게 될 수 있다고 말하며 화나는 마음을 조절할 수 있었으면 좋겠다고 하자, 승진이는 고개를 끄덕이며 노력해 보겠다고 했다.

❀ 참고 기다리는 자기 조절력

초등학교 5학년 실과 시간에 주산을 배웠다. 다섯 알이 있는 주판을 사용하다 네 알이 있는 주판을 사용하고 있어 학교에서도 네 알이 있는 주판으로 가르쳤다. 우리 집에는 다섯 알 주판만 있어서 옆자리 친구 주판 한 귀퉁이에서 계산하는 방법을 익혔다.

너무 재미있어서 집에서도 하고 싶어 스스로 주판을 사기로 했다. 당시에 잔디 씨를 비싼 값을 주고 사 가는 사람들이 있어 너도나도 잔디 씨앗을 따러 다녔는데 나도 그 대열에 합류했다. 여름방학 동안 한여름의 뜨거운 태양을 등에 업고 엄마를 따라 산을 넘고 또 넘으며 잔디 씨를 땄다.

그리고 방학이 끝나 갈 무렵 엄마와 함께 시장에 가서 팔아 그토록 원하던 네 알 주판을 샀다. 한여름 땡볕에서 불평 한마디 없이 어떻게 잔디 씨앗을 따러 다녔는지 또 그런 힘은 어떻게 형성되었는지 모른다. 참고 견디는 힘은 결혼해서 아이 둘 낳고 공부를 시작하면서 더욱 빛을 발했다.

주변의 모든 사람이 불가능하다고 말할 때 나는 할 수 있다는 생각 하나로 잠자는 시간을 줄여 가며 공부해서 고등학교 졸업자격 검정고시에 도전해 합격하고 방송통신대학에 진학했다. 어려서 어머니는 '네가 참아라.'라는 말을 수도 없이 하시며 내가 참기를 바라셨는데 그 영향으로 참고 기다리는 자기 조절력이 형성되었는지도 모른다.

❀ 아이의 미래를 고민하는 부모라면

요즈음 아이들은 참고 기다리는 것을 배울 기회가 없다. 아이를 하나 혹은 둘 키우는 가정이 많고 아이 중심이다 보니 아이가 원하는 것을 다 들어주게 된다. 마치 도깨비 방망이를 휘두르면 무엇이든 나오는 것처럼 자기가 원하는 것은 무엇이든 해 줄 수 있다고 생각하는 경향이 있다.

생후 6일째 되는 날부터 키우기 시작한 아이는 모든 가족의 사랑을 듬뿍 받으며 성장했다. 그러다 보니 뭐든지 자기 맘대로 하려고 한다. 5학년 형이 자기와 놀아 주지 않는다고 주먹으로 때리고 울며 떼쓰기 일쑤다. 이런 아이에게 모든 것을 다 네 맘대로 할 수 없는 거라고 가르친다. 아이는 쉽게 수긍하지 않고 왜 안 되느냐고 따진다. 지금은 형이 하는 일이 있어서 같이 놀아 줄 수 없고 형이 하던 일 다 하고 나면 놀아 줄 수 있다고 말하지만, 여전히 떼를 쓴다. 아이가 참고 기다리는 것을 배울 수 있기를 바라는 마음으로 끝까지 형이 하는 일을 마무리할 때까지 기다리기를 요구한다.

하루가 다르게 변화하고 있는 현대 사회에서 5년, 아니 1년 앞을 내다보기도 힘든 세상에 아이의 미래를 예측한다는 것은 불가능한 일일 것이다. 이런 상황에서 우리 아이를 어떤 직업인으로 키울 것인가를 깊이 고민한다는 건 큰 의미가 없을지도 모른다. 그러나 한 가지 분명한 것은 어떤 시대가 오든 우리 아이들이 건강하게 잘 적응할 수 있는 사람이 되어야 한다는 것이다. 게으름이나 쾌락의 유혹을 이겨 내는 절제력, 실패나 좌절에도 다시 일어설 수 있는 복구력, 누구와도 잘 지낼 수 있는 유연성, 어떤 일에도 적응할 수 있는 융통성이 필요하다.

이 모든 것을 좌우하는 '자기 조절력'이야말로 어떤 난관도 헤쳐 나갈 수 있는 생명력의 요체다. 갓난아기 때부터 길러져야 하는 자기 조절력은 아이의 100년 인생을 좌우할 것이다. 그러므로 아이의 미래를 고민하는 부모라면 아이의 자기 조절력을 형성하고 보완해 주는 데 온 힘을 기울여야 한다. 그것보다 아이를 위한 더 좋은 미래 준비는 없을 것이다.

엄마는 관심이고
아이는 간섭이다

  우리나라 사람들은 기본적으로 타인에 대한 관심이 많다. 특히 타인에 대한 관심이 많은 사람을 정이 많은 사람이라고 하거나 조금 더 지나친 사람을 오지랖이 넓다고 말한다. 오지랖이 넓다는 말도 부정적인 의미보다는 자기 일보다 남의 일에 앞장서는 사람으로 인식하는 경향이 있다.

❊ 관심이 때로는 부담일 수도 있다

  민족 고유의 명절인 설날이 되면 친척 집을 찾아 세배를 드리고 세뱃돈을 받는 것이 일반적인 우리의 모습이다. 그런데 수능 시험을 본 학생들에게는 꺼려지는 날이기도 하다. 수능점수가 잘 나오고 원하는 대학에 진학한 학생들이야 자랑스럽게 이야기하고 세뱃돈도 듬뿍 받을 수 있지만, 그렇지 못하고 재수를 선택하거나 인지도가 떨어진 대학에 진학한 학생들은 친척들에게 말하고 싶지 않다. 그런데 어른들은 동일하게 수능점수가 얼마나 나왔느냐, 어느 대학 무슨 과에 합격했느냐고 묻는다. 그런 상황이 부담스러운 학생들은 아예 세뱃돈을 포기하고 친척 집에 가지 않는 길을 선택한다.

학부모들의 만남이나 형제자매들 사이에서도 자녀들에 관한 관심은 부담일 때가 많다. 특히 아이의 성적과 관련된 관심을 보일 때 상위권으로 잘나가는 아이가 아니면 "그저 그래요." 혹은 "중간쯤 해요."라 말하거나 대충 얼버무리게 된다.

✽ 관심이 지나치면 간섭이 되고 간섭이 지나치면 강요가 된다

중학교 2학년이 된 아이가 학교에 가고 난 뒤 아이 방을 보니, 양말은 책상 밑에서 뒹굴고 수건과 뒤집어 벗어 놓은 옷들이 방안 여기저기 뒹굴고 있다. 언제 받았는지 학교에서 나누어 준 안내장은 엄마에게 전달하지 않고 책상 위에 있고 먹다 남은 과자 부스러기가 침대에서 나뒹군다. 엄마는 자기 방 하나 정리하지 않고 다니는 아이가 못마땅하지만, 난장판인 방이 보기 싫어 깔끔하게 정리하고 물걸레로 닦았다. 학교에서 돌아온 아이가 먼지 하나 없이 정리된 방을 보고 어떻게 생각했을까?

특히 부모들이 범하기 쉬운 오류다. 엄마가 볼 때 아이는 모든 것이 부족하고 어설프며 답답하다. 그래서 숙제, 준비물, 옷 입는 것, 먹는 것 등 모든 것을 세세히 챙긴다. 아이가 어렸을 때는 당연하지만 사춘기에 접어들었는데도 그런 엄마의 태도가 변하지 않으면 아이는 간섭이라 느끼고 문을 꽝 닫고 들어가 잠근다. 그러면 엄마는 더욱 화가 치민다. '내가 누구를 위해서 이러는 건데 다 저 잘되라고 하는데 왜 저러는 거야?'라고 생각한다.

"문 안 열어? 너 이게 무슨 태도야. 이거 너 엄마 무시하는 거야. 빨리 문 열어! 너 이렇게 해서 대학이나 가겠어?" 소리소리 지르며 다그친다. 그리고 하고 싶지도 않고 관심도 없는 수학 문제집을 풀라고 한다. 처음에는 관심으로 시작되었던 것이 시간이 지나면서 간섭이 되고 나중에는 강요가 되기도 한다.

지난 2011년 3월 서울 광진구 구의동에서 고등학교 3학년 아들이 엄마를 살해하고 시신을 방에 방치한 사건이 발생했다. 김 군은 엄마의 시신을 안방에 그대로 방치하고 온라인 게임과 영화에 빠졌으며 심지어 친구들을 집으로 데려와 함께 라면을 끓여 먹으며 평범한 생활을 했다. 8개월 만에 엄마와 이혼한 아빠가 아들과 연락이 되지 않아 집을 찾았다가 시신을 발견하고 경찰에 신고했다.

원인은 엄마가 김 군의 성적에 대한 관심이 도를 넘어 강요에 이르고 맘에 들지 않으면 아이를 홍두깨나 골프채 같은 도구로 때렸다는 것. 일곱 살 때부터 맞아 온 김 군이 고등학교 3학년이 되어 이러다 죽겠다는 생각에 이르자 결국 어머니를 살해한 것이다. 간섭을 넘어 강요가 낳은 비극의 단적인 예라 할 수 있다.

✻ 미움보다도 더 나쁜 무관심

미워한다는 것은 관심이 있다는 이야기이고, 끊임없이 미워하는 상대방을 관찰하며 미워하는 이유를 합리화한다. 반면에 관심이 없다는 것은 상대방이 무엇을 하든 전혀 신경 쓰지 않는다는 것이다. 지나친 관심이 부담스러운 것이라면 무관심은 사람을 외롭게 만든다. 무관심의 또 다른 말은 방임이다. 아동학대의 범주에 방임이 들어 있다. 아동의 경우 관심을 기울이지 않는다는 것은 곧 아동을 학대하고 있다는 의미가 되는 것이다.

아동학대로 상처받은 아이에게는 지속해서 올바른 관심을 보여 주는 단 한 사람이 절실히 필요하다. 누구에게나 크고 작은 상처가 있기 마련이지만, 아동학대의 경우 어렸을 때 신체적·정서적 학대를 당하면 평생 씻을 수 없는 상처가 되어 그 아이를 괴롭히고 건강한 사회인으로 살아가기 어렵게 만든다. 그뿐만 아니라 그 상처가 가시가 되어 다른 사람을 아프게 하거나 해롭게 하기도 한다.

방임 또한 그에 못지않은 상처다. 애착 형성이 되지 않고 따뜻한 돌봄을 받지 못한 아이는 다른 사람을 신뢰하지 않는다. 어떤 어려움이 있어도 누구에게 도움을 청하기보다 스스로 해결하려하고 혼자 외로워한다. 성장발달 단계에 따른 자극을 받지 못한 아이는 학업이나 일상생활에서 또래 아이들보다 뒤처지게 마련이고, 그러다 보니 학교에서 왕따를 당하거나 놀림을 받는 경우가 많다. 그런 상황에서도 솔직하게 자신의 마음을 열어 보이지 않는다. 그런 아이들에게 올바른 관심은 정서적 보약이 된다.

✳ 나 또한 부적절한 관심의 피해자이면서 가해자이다

누구나 올바른 관심을 받으면 기분이 좋다. 그런데 올바른 관심을 표현하기는 쉽지 않다. 상황에 따라 감정이 올라오기도 하고 기분에 따라 상대방의 자존심을 건드리는 말을 툭 뱉어 내기도 한다. 이것은 무의식 속에 저장된 부적절한 관심의 표현이기도 하다.

아이는 부모의 가르침을 통해 배우기도 하지만, 눈으로 본 행동을 몸이 기억해 무의식적으로 그런 행동들을 한다. 결혼해서 아기를 낳아 본 엄마라면 자기가 가장 싫어했던 엄마의 모습이 자기에게 있는 것을 보고 깜짝 놀랄 때가 있을 것이다. 나쁜 말이나 행동은 가르치지 않아도 몸이 기억하고 잘 배운다. 가정폭력이 심각한 문제로 수면 위로 떠오르면서 예전에는 폭력이라고 의식하지 못하고 행해지던 일들이 이제는 가정폭력으로 인식되어 신고하는 경우가 늘어나고 있다. 신고하고 처벌하는 것만이 전부는 아니다.

올바른 관심은 아이를 그 모습 그대로 인정하고 존중하는 것이다. 나부터 올바른 관심을 표현하는 것을 통해 우리가 모두 더불어 행복한 가정과 사회를 만들어 가기를 바라는 미음이다.

내 감정에 휘둘리지 마라,
일관성이 중요하다

"한 번의 큰 성공보다 일관성 있는 작은 행동이 위대함을
결정한다."

- 경영사상가, 짐 콜린스 -

아이를 양육하는 것은 끝없는 인내를 요구한다. 하루에도 몇
번씩 천당과 지옥을 오가며 갈등을 느끼기도 하는데, 아이가 무
슨 행동을 하든 어떤 감정을 표현하든 부모의 애정은 일관되어야
한다. 일관된 애정을 잘 보여 주는『모두 돌돌이를 좋아해요』라는
동화책이 있다.

주인공 돌돌이는 단추를 누르면 불이 깜박거리는 새로 산 불
자동차가 너무 멋있고 좋았다. 그래서 엄마에게 자랑하고 방 안
을 뛰어다니다 휴지통을 쏟고 말았다. 혼날까 봐 겁에 질린 눈으
로 엄마를 바라보자 엄마는 돌돌이가 불자동차보다 훨씬 멋있고
말썽꾸러기여도 좋다고 말해 준다. 그뿐만 아니라 돌돌이가 아빠

몸에 물을 뿌려도, 할머니가 가꾸는 꽃을 실수로 밟아도, 모두 돌돌이를 좋아한다고 말한다.

❀ 아이를 훈육할 때 무엇보다 일관성이 중요하다

동화 속에서나 가능한 것은 아닐까? 대부분의 할머니나 엄마, 아빠는 물을 뿌리고 휴지통을 쏟는 상황에서 아이를 좋아한다고 말하기가 쉽지 않다. 야단까지는 아니더라도 조심하면서 놀라고 주의를 주는 것이 보통이다. 물을 뿌리거나 휴지통을 쏟는 상황이 아니더라도 아파트에서는 층간소음으로 인하여 이웃과의 관계가 나빠지는 경우가 많아 아이를 키우는 집에서는 집 안에서 뛰어다니게 되면 주의를 주게 된다.

아이는 혼나는 와중에도 부모가 나를 미워하는 것은 아닐까 하는 마음으로 엄마의 말과 행동을 관찰한다. 아이가 느끼기에 내가 하기에 따라, 또는 부모의 기분이 바뀔 때마다 자기를 향한 애정이 사라질 수도 있다는 마음이 들면 아이는 불안하다.

"그렇게 멋대로 할 거면 나가."

"자꾸 그러면 엄마 나간다. 너 혼자 살아."

"이제 엄마라고 부르지도 마."

"어쩌다 너 같은 게 나한테 태어나서!"

"더 이상 못 키우겠다. 나는 이제 네 엄마 안 할래."

아이를 제재하기 위해서 애정을 철회하고 겁을 주는 말로 누구나 몇 번쯤은 했음직한 말들이다. 아이에게 있어 부모는 절대자다. 그런 부모에게 의존해서 살아야 하는 아이에게는 이런 말들이 엄청난 공포로 다가온다. 부모도 모르는 사이에 심어진 공포와 불안은 아이의 마음속에 어두운 싹을 틔우고 점점 다루기 어려운 아이가 되어 버릴 수도 있다.

아이를 훈육할 때 무엇보다 일관성이 중요하다. 엄마의 기분에 따라 같은 행동임에도 불구하고 기분이 좋을 때는 야단치지 않다가 기분이 좋지 않을 때는 야단을 치게 되면 아이는 눈치를 보게된다. 특히 부부싸움을 했을 때 아이는 엄마 아빠가 싸우는 것만으로도 불안한데 기분이 나쁜 엄마가 평소에는 야단치지 않던 행동에도 거칠게 야단을 치게 되는 경우가 있다. '종로에서 뺨 맞고한강에 와서 화풀이한다.'는 속담처럼 아내나 남편에게 화가 났는데 화풀이는 아이에게 하는 것이다.

❀ 아이들과의 새로운 대화법, 비폭력 대화

나 또한 아이들을 키우며 여러 번 반복했던 실수다. '즐거운 집 그룹홈'을 시작하고 DNA가 다른 아이들을 키우며 오랫동안 죄책감에 시달렸던 것도 그 때문이다. 경험도 없고 지혜도 부족하여 아이들에게 내 기분에 따라 야단을 치기도 하고 말을 안 듣고 고집을 부릴 때는 애정을 철회하고 겁을 주는 말을 서슴없이 했다. 이미 성인이 되어 되돌릴 수 없는 시간이기에 더욱더 안타깝고 미안한 마음에 아이에게 엄마의 기분에 따라 말을 함부로 해서 상처를 준 것에 대하여 정중하게 사과했다.

이후에도 아이의 행동에 따라 순간순간 감정이 올라오는 일이 반복되었는데, 역량 강화 교육으로 '비폭력 대화'에 관한 강의를 들으며 실습을 한 후부터 아이들과 대화하는 데 많은 도움이 되었다. NVC Nonvilolent Communication라는 모델은 우리의 삶에 영향을 미치는 구체적인 행동을 관찰한 후 그 관찰에 대해 어떻게 느끼고 그 느낌이 생성해 내는 욕구, 가치관, 원하는 것이 무엇인가를 부탁하는 형식으로 말하는 것이다.

NVC를 익히게 되면 습관적이고 자동적인 반응 대신에 자신이 무엇을 관찰하고, 느끼고, 원하는가를 의식하면서 이를 기반으로 정직하고 명확하게 자신을 표현할 수 있게 되는 것이다. 방을 엉망으로 해 놓고 등교한 아이와의 대화를 예로 들면 다음과 같다.

"오늘 아침 네가 학교에 가고 나서 방에 들어갔는데 너무 엉망이더라. 마치 쓰레기통 같다는 느낌이었고 방을 정리하다 보니까 짜증도 나고 그랬어. 이제 고등학생이니까 네 방은 스스로 정리하면 좋겠다. 우리 집은 일반 가정집과는 조금 다르잖아. 낮에 선생님도 오시고 외부에서 손님이 올 수도 있거든. 등교할 때 빨아야 하는 옷은 세탁기 바구니에 넣고 다시 입을 옷은 옷걸이에 걸었으면 좋겠어. 그렇게 할 수 있겠니?"

"네, 죄송해요. 다음부터는 정리하고 등교하도록 할게요."

　실제로 '즐거운 집 그룹홈'에서 아이들과 하는 대화 중 일부다. 유치원부터 고등학생까지 일곱 명의 남자아이들이 있는데 아침에 등교하고 나서 아이들 방을 보면 엉망이다. 비폭력 대화를 공부하고 나서 가능하면 관찰한 것을 그대로 이야기하고 그때의 내 느낌에 대하여 말한 후 내가 원하는 것을 부탁하는 말로 대화를 시도한 것이다. 한번 말했다고 해서 다음 날부터 철저하게 지켜지는 것은 아니지만, 또 다른 표현으로 비폭력 대화를 반복하면 아이도 미안한 마음을 가지고 엄마의 부탁을 들어주려고 노력하는 모습을 보게 된다.

❀ NVC대화법을 삶에 적용하는 법

　NVC대화법을 공부했다고 바로 삶에 적용하기는 쉽지 않다. 부단히 연습하고 노력해야 상황에 직면했을 때 감정을 빼내고 대화할 수 있게 되기 때문에 시행착오를 거치며 연습하고 또 연습해야 한다. 그렇게 되면 화내지 않고 훈육할 수 있어 아이와의 관계도 좋아지는 것을 보게 된다.

매일 반복되는 생활습관에 대하여는 규칙을 정하고 눈에 보이게 화장실 문 안쪽에 붙여 놓으면 아이가 화장실을 사용할 때마다 볼 수 있어 많은 도움이 되었다. 즐거운 집에서는 아이들과 함께 10가지 생활규칙을 정해서 바른 생활습관을 지도하고 있다. 아이가 규칙에 어긋난 행동을 했을 때 우리 집 생활규칙을 이야기하면 스스로 만든 규칙이기 때문에 금방 수긍하고 지키려고 노력하게 된다.

| 즐거운 집 생활규칙 10계명 |

1. 다른 사람의 방에 들어갈 때는 노크한 후 방지기의 허락을 받은 후 들어간다.

2. 다른 사람의 물건을 주인의 허락 없이 만지지 않는다.

3. 목숨이 위협받는 상황이 아니면 폭력을 사용하지 않는다(물건을 던지거나 다른 사람을 때리지 않는다).

4. 다른 사람을 무시하거나 놀리는 말을 하지 않는다.

5. 컴퓨터는 순서와 약속한 시각을 지켜 사용한다(밤 8시 이후에는 게임을 하지 않는다)

6. 외출할 때는 반드시 엄마에게 외출 목적과 행선지를 이야기하고 허락을 받은 후 외출한다.

7. 담배를 피우거나 술을 마시지 않는다.

8. 집 안에서는 뛰거나 소란을 피우지 않는다.

9. 언제나 정직하고 성실하게 생활한다.

10. 자기가 사용하는 방은 자기가 정리 정돈한다.

어린아이의 경우 더욱 인내를 가지고 대화를 해야 한다. 안 된다고 하는 것은 끝까지 안 되는 것이 되어야 하는데, 아이가 고집부리고 떼쓰면 어쩔 수 없이 허용하는 경우가 있다. 이런 경우 사춘기가 되면 엄마가 아이에게 끌려다니게 된다. 아이가 아무리 떼를 쓰고 울며 보채도 안 되는 것은 끝까지 안 되는 경험을 몇 번 하면 아이도 상황을 판단하고 더는 고집을 부리거나 떼쓰지 않게 된다.

품 안의 자식이라고 이 또한 어렸을 때 되는 것과 안 되는 것 해야 하는 것과 하지 말아야 할 것에 대한 분명한 경계선을 알게 하지 않으면 아이를 통제하기가 점점 어려워진다. 아이를 키울 때 가장 중요한 것은 일관성이라는 것을 잊지 말아야 할 일이다.

이제는 당근과 채찍으로
움직이지 않는다

　당근과 채찍은 고집 센 당나귀를 움직이게 하려고 눈앞에는 당근을 매달고 뒤로는 채찍을 휘둘러 빨리 달리게 한 데서 유래한 용어로 보상과 처벌을 비유적으로 사용하는 대표적인 용어다. 우리 사회는 학교나 가정, 회사나 사회 모두가 당근과 채찍으로 짜인 틀 안에서 살아가고 있다고 해도 과언이 아니다.

　"이번에 성적 오르면 네가 갖고 싶다던 게임기 사 줄게.", "엄마 말 잘 들으면 외식하러 갈 거야!", "떠들지 않고 공부 열심히 하면 스티커 주고 그 스티커를 30개 모으면 네가 원하는 선물을 살 수 있어." 어린 시절 부모님이나 선생님, 혹은 다른 누군가에게 이런 제안을 받고 보상을 받기 위해 순종했던 기억이 있을 것이다. 나 또한 아이들에게 어떤 습관을 길들이기 위해 스티커 붙이기를 사용했고 지금도 사용하고 있다.

　성인이 되어서도 이런 상황은 크게 달라지지 않는다. "상반기 실적 결과에 따라서 포상 휴가와 상여금을 지급할 겁니다.", "연말 결산 때 최우수 팀에게는 인센티브를 지급하겠습니다." 등등 인센티브가 걸렸을 때 처음에는 달콤한 제안에 눈이 멀어 열심히 하다 '내가 보상을 받기 위해 이 일을 하는 것인가?'라는 생각이 드는 순간 팔다리에서 힘이 빠지고 일이 재미없어지는 경우를 보게 된다. 아이들도 마찬가지다. 처음에는 보상이 주어진다는 것이 좋아서 잘 따라 하지만 한두 번 반복되면 금세 시들해지고 하기 싫어한다.

❋ 이제 당근과 채찍을 버릴 때

세계적인 미래학자 다니엘 핑크는 『드라이브』(원제: Drive)를 통해서 우리가 지금까지 믿어 온 '상과 보상이 사람들에게 동기를 준다'는 생각에 정면으로 반박한다. 이 책에서 저자는 인간 행동의 원천인 '동기'에 대한 기존 가설에 강한 의문을 제기한다. 즉 배고픔, 졸림 등 생물학적인 첫 번째 욕구와 보상을 추구하고 처벌을 피하고자 하는 두 번째 욕구가 인간을 움직이게 만드는 강력한 동기가 될 수 없다는 것이다.

물론 지난 세기 세계 경제가 이 정도로 성장하고, 인간이 발전을 이룬 많은 부분에서 이 두 번째 욕구, 다시 말해 당근과 채찍이 큰 역할을 한 것은 부정할 수 없지만, 개개인의 창의성 발현이 훨씬 중요해진 오늘날 더 이상 이 두 가지 욕구만으로는 사람들이 스스로 움직이게 만들 수 없다고 강조한다.

| 세 가지 동기 |

● **동기 1.0**
허기를 달래려고 음식을 먹고 갈증을 해소하려고 물을 마시며 성욕을
충족시키기 위해 섹스를 하는 등 생물학적인 욕구에 근거한 동기

● **동기 2.0**
'당근과 채찍'이라고 부르는 보상과 처벌에 근거한 동기

● **동기 3.0**
일 그 자체의 즐거움을 추구하는 동기

저자는 동기를 3가지로 분류하는데 지금은 '동기 2.0'이 아니라
'동기 3.0'이 요구되는 시대임을 강조하고 있다. '동기 2.0'이 연산
적 기계적 업무에는 효과를 가져오지만, 창조적 업무에는 오히려
해로운 영향을 미친다는 것이다. 그는 '동기 2.0'의 한계를 실제로
우리 옆에서 일어나고 있는 수많은 일을 통해 규명한다.

예를 들어 MS라는 거대 기업이 엄청난 자원을 투입하여 구축
하고자 했던 MSN 엔카르타가 10여 년의 도전에도 불구하고 실패
한 것에 비해 아무런 보상도 없이 자원봉사자들이 만들어 가는 위
키피디아는 전 세계 260개국 언어로 만들어지면서 오늘날 영향력
있는 백과사전으로 부상했다. 열심히 한다고 보수를 받는 것도

아닌데 자원봉사자들은 지금도 끊임없이 표제어를 만들고 내용을 채워 간다. 이러한 위키피디아의 성공은 동기 2.0의 논리로는 설명되지 않는다.

다니엘 핑크는 이외에도 공개 소스인 리눅스나 파이어폭스, 무하마드 유누스의 자선 은행 등을 예로 들며 인간에게는 육체적·물질적인 것을 추구하는 것 이상으로 자신의 만족과 일 그 자체가 갖는 즐거움을 추구하기 위한 욕구가 존재하며, 이제는 동기 2.0이 힘을 쓸 수 없다는 것을 규명한다.

※ '동기 3.0' 내재 욕구에 주목하라

창조적 개인을 자발적으로 움직이도록 하려면 사람들 누구나 가지고 있는 동기 3.0, 즉 '내재 욕구'에 주목해야 한다. 이 부분에 깊이 공감하게 되는 것은 나 스스로가 누가 강요한 것도 아니고 제대로 된 보상이 주어지는 것도 아닌, 내가 좋아서 아동청소년 그룹홈을 운영하고 있기 때문이다.

선천적으로 허약했고 잔병치레를 많이 했으며 나밖에 모르는 이기적인 아이였다. 그런 내가 봉사로 다른 사람이 낳은 아이를 키우겠다고 했을 때 가족들은 모두가 반대했다. 그도 그럴 것이 한 아이를 키운다는 것이 보통 일은 아니다. 몇 년 동안은 내 개인적인 시간을 포기하고 육아에 에너지와 시간을 쏟아부어야 한다. 수시로 밤잠 못 자는 것은 기본이고 아들딸 다 키워 놓고 여행 다니며 취미 생활할 나이에 여행은 고사하고 취미 생활도 할수 없다.

그럼에도 불구하고 18년째 내가 낳지 않은 아이들을 키우는 것은 상처받은 아이들을 따뜻한 가슴으로 품어 밝게 성장하는 것을 보며 의미 있고 가치 있는 일을 하고 있다는 보람을 느끼기 때문이다. 날마다 아이들의 샘솟는 에너지를 충전받아서일까? 다른 아이를 키우기 시작하면서 상상할 수 없을 만큼 건강해졌다. 나는 새롭게 찾은 건강에 대해 나를 위한 시간과 에너지를 아이들을 위해 나누어 주었더니 하늘이 나에게 준 선물이라고 말한다.

이순을 바라보는 나이이기 때문에 그럴 수 있다고 생각할지도 모른다. 그런데 청소년들에게도 '당근과 채찍' 전략이 통하지 않는다는 뇌 연구 결과가 나왔다.

캐서린 인셀 미국 하버드대 심리학과 연구원 팀은 13~20세 남녀 청소년 88명을 대상으로 간단한 퀴즈를 내고 성과에 따라 보상(용돈)을 주는 실험을 했다. 퀴즈는 누구나 조금만 주의를 기울이면 맞힐 수 있는 문제들이다. 예를 들어 '크레이터(구덩이)가 있는 행성은?'이라는 문제를 낸 뒤 행성 표면에 구덩이가 보이는 수성이나 금성 사진을 보여 주는 식이다. 맞히면 상금을, 틀리면 벌금을 부과했다.

연구팀은 한 그룹에는 상금과 벌금을 상대적으로 많게 책정(문제당 1,000원)했고, 나머지 한 그룹엔 적게(200원) 책정했다. 그 뒤 두 그룹의 참여자가 얼마나 잘 맞히는지를 점수로 환산해 비교했다. 그 결과 우리 나이로 중·고교생에 해당하는 13~18세의 경우, 두 그룹의 참가자가 얻은 점수에 차이가 거의 없는 것으로 나타났다. 즉, 당근과 채찍에 해당하는 상금과 벌금이 크더라도 청소년들은 개의치 않는다는 것이다.

이 전략이 효과를 나타낸 연령은 한국 대학생 1학년 무렵이 되는 19~20세 참가자들이었다. 이것은 뇌에서 '노력과 행동', '보상에 대한 판단'을 담당하는 복외측 전전두피질과 시상, 복측 선조체 등의 부위가 청소년기에는 발달하지 않았다가 19세가 넘어가면서 연결돼 활성화한다는 뜻이라고 해석했다.

❀ 아이에게 동기부여를 하기 위해 무엇을 해야 할까?

2018년 10월 「우리 가족 거리 좁히기」라는 프로에 중학교 3학년 1학기를 마치고 뷰티 크리에이터가 되기 위해 자퇴한 학생과 그래도 검정고시를 봐야 한다는 어머니와의 거리 좁히기가 방영되었다. 아들은 뷰티크리에이터 자격증만 있으면 되는데 왜 검정고시를 봐야 하는지 납득이 가지 않는다는 입장이고, 엄마는 그래도 사회생활을 하려면 고등학교는 나와야 하는데 중학교도 자퇴했으니 검정고시를 통해서 중·고등학교 졸업 자격을 갖추어야 한다는 입장이다.

아들은 검정고시를 봐야 한다고 강요하는 엄마를 이해할 수 없고 엄마는 그런 아들을 용납할 수가 없다. 아들이 가장 존경하는 분이어서 아들이 씬님의 말을 듣지 않을까 싶어 엄마가 특별히 부탁해서 출연 섭외했다는 메이크업아티스트 씬님은 자퇴한 것은 크리에이터가 되기 위해서가 아니라 학교가 다니기 싫어서가 아닌지 돌아보아야 한다고 충고한다.

씬님은 다른 아이들이 학교에서 공부할 때 나는 그 시간을 내 꿈을 위해 어떻게 잘 활용할 것인지 고민해야 하며, 학교에서 얻을 수 있는 많은 시간과 인연들이 인생에 큰 밑거름이 될 것이라고 말한다. 그리고 크리에이터가 되기 위해서는 화장품과 화장법도 중요하지만, 그것을 영상으로 만드는 기술은 더욱 중요하기 때문에 대학에 가서 공부하는 것도 필요하다고 이야기한다. 출연한 학생은 씬님의 말을 들으며 그럴 수도 있겠다고 인정하며 그렇다면 학교에 다니는 것을 고민해 보겠다고 했다.

요즈음 아이들에게 꿈이 뭐냐고 물으면 대다수가 모른다고 대답한다. 내가 하고 싶고 가장 잘할 수 있는 일을 찾아 의미와 가치를 부여하는 경험을 해 보지 않았기 때문이다. 무조건 공부 잘해서 좋은 대학에 가는 것이 소원인 부모의 의식이 변하지 않으면 아이와의 갈등의 골은 깊어질 수밖에 없다.

그러므로 아이 스스로가 즐겁게 가장 잘할 수 있는 일이 무엇이며 그 일을 하기 위해 지금 나는 어떤 준비를 해야 하는가 고민하며 나에게 주어진 시간과 인연을 소중하게 여기는 것이 필요하다. 거기에 그 일을 하는 의미와 가치가 부여된다면 아이는 행복한 인생을 꾸려 나갈 수 있을 것이다.

세 번째 기술

표준화 교육의
선입견을 버려라

지금은 다양성이 중요하게 부각되는 시대다. 학교 성적에 목숨 걸고 아이를
다그치는 자리에서 내려와 아이가 잘하는 것을 더욱 잘할 수 있도록 적극적
으로 지원해 주는 것이 부모의 역할이 아닐까.

다양한 경험이
스토리를 만든다

　요즈음은 마케팅도 스토리를 담아 소비자의 마음을 움직이는 감성 마케팅, 즉 스토리마케팅이 유행이다. 브랜드 자체의 히스토리나 소비자의 경험담, 또는 직접 스토리를 만드는 방법 등을 사용해 브랜드 홍보뿐만 아니라 영화, 드라마, 외식, 관광 등 문화산업 전반에서 활용되고 있다. 스토리텔링 마케팅의 대표적인 사례로는 코카콜라가 겨울 매출을 올리기 위해 빨간 옷을 입은 산타클로스를 활용한 것이나 '드라마 「겨울연가」 주인공이 거닐던 남이섬'으로 홍보하는 관광사업이 있다.

　지역마다 영화를 촬영했던 곳을 활용한 관광 상품을 개발하고 개인이 운영하는 식당도 유명연예인이나 정치인과 함께 사진을 찍고 사인을 받아 벽에 걸어놓는다. 이런 연예인과 정치인이 직접 다녀간 곳이라는 광고를 통해 맛을 보증한다는 무언의 광고다. 실제로 남이섬에 갔을 때 「겨울연가」의 여주인공처럼 걸어 보기도 하고 연예인이 많이 다녀간 식당이라고 하면 왠지 맛있을 것 같아 한 번쯤 찾게 된다.

지금은 사람이 브랜드화되기도 하는데 '완판 여왕'이라는 이름이 붙은 '피겨여왕' 김연아가 광고하는 상품들이 순식간에 날개 달린 듯이 팔리는 것은 '피겨여왕' 김연아의 이미지가 한몫한다고 볼 수 있다.

예를 들면 평창올림픽에서 김연아가 입었던 검은색 망토는 원래 시판용이 아닌 김연아만을 위해 제작된 옷이었는데, 어디에서 살 수 있느냐는 문의 전화가 많아 부랴부랴 시판용을 제작했고 불티나게 팔리자 다른 업체에서도 비슷한 망토 스타일 재킷을 만들어 판매에 들어갔다.

스포츠 브랜드 P사가 처음 운동화를 만들었을 때는 판매가 잘 되었는데 경쟁사들이 치고 올라오면서 올드한 느낌이 들어 점점 매출이 떨어졌다. 이때 김연아를 광고모델로 내세우면서 젊은 이미지로 부각되었고, 2011년 980억이던 매출이 2013년에는 1,800억까지 껑충 치솟았다.

※ **다양한 경험이 중요한 이유**

내가 어렸을 때만 해도 머리 좋고 공부 잘하는 아이들이 대접받았다. 그때는 머리 좋다는 것을 IQ 하나로 평가했는데 지금은 IQ뿐만 아니라 EQ(감성지수), AQ(성취지수 또는 역경지수), SQ(사회성 지수)까지 다양하게 평가한다. 공부만 잘하고 다른 것을 잘 못하는 모범생을 보통 '범생이'라고 하는데 그런 학생들이 학교에서는 말 잘 듣고 공부 잘해서 선생님들께 인정받을지 모르지만 사회에서 는 아니다.

성인이 되어 사회에 나오면 영어 단어를 몇 개나 외우느냐, 미적분 문제를 얼마나 잘 푸느냐는 그다지 중요하지 않다. 상황판 단 능력이나 대처능력, 또는 공감 능력이 직장 생활을 하는 데 훨씬 더 중요하게 작용한다. 그런 능력은 지식으로 배워 가질 수 있는 능력이 아니고 다양한 경험이 축적되어 나오는 지혜이기 때문이다.

요즈음은 어디를 지원하든지 자기소개서를 제출하게 된다. 이때 주로 쓰는 내용이 성장 과정, 성격의 장단점, 취미와 특기, 지원동기 등인데 경험이 없고 오직 공부만 했다면 꾸며서 써야 한다. 이런 경우 읽는 사람은 꾸며서 썼는지 실제 경험에서 나온 자기소개서인지 금방 알게 된다.

다양한 경험 없이 오직 한길만 걸어오다 정년퇴직을 앞둔 분들의 막막함은 이루 말할 수 없다. 100세 시대에 정년퇴직하고도 30~40년은 더 살아야 하는데 자식들한테 용돈을 받아 쓸 수도 없고 그렇다고 다른 일을 할 만한 경험도 없다 보니 마음이 급해진다. 그래서일까, 치킨집이나 편의점 또는 카페가 우후죽순 생겨났다 사라지기를 반복하고 있다. 퇴직금에다 대출까지 받아서 시

작한 사업을 접으면서 빚만 남아 평생 아르바이트하며 빚 갚아야
한다는 분들이 의외로 많다.

❋ 특별한 나의 삶을 책에 담다

누구나 굴곡진 삶을 살기 원하지는 않을 것이다. 나 또한 중학
교를 졸업할 때까지는 아무 생각 없이 학교에 다니는 평범한 학생
이었다. 그런데 고등학교 진학이 좌절되면서 상황은 달라졌다.
친구들은 고등학교에 진학하는데 집이 가난해서 고등학교에 갈
수 없다는 것을 그대로 인정하고 부모님이 시키는 대로 하는 그런
아이가 아니었다. 공부가 하고 싶다는 간절한 마음으로 서울에
와서 고학하며 학교에 다녔다.

그러다 좌절하고 도피하듯 농촌 총각과 결혼해 농촌의 아낙으
로 10년 정도 살던 어느 날, 이렇게 육체노동을 하며 살다가는 죽
을 것 같다는 생각이 들었다. 그렇게 다시 공부를 시작했고 검정
고시를 통해 대학에 진학했다. 그러나 한 학기를 마치고 경부암
으로 수술하는 의도하지 않은 아픈 경험을 하게 되었다. 그 경험
을 통해 엄마 없는 아이를 키우겠다고 생각했고 대학원을 나와
'즐거운 집 그룹홈'이라는 아동청소년 그룹홈을 운영하고 있다.

이 모든 과정을 살아오면서 힘들고 어렵다고 생각하기보다 그
순간의 행복을 찾아 누리며 희망을 보고 걸었다. 이런 내 삶의 이

야기를 통해 누군가에게 희망이 되고 싶어 2018년 1월에『행복의 온도』라는 책을 출간했다. 지식을 전달하는 책이 아닌 내가 경험한 이야기들을 통해 어떤 상황 속에도 행복은 있다는 이야기를 하고 싶었고, 독자가 감동을 하고 자신의 삶을 돌아보는 계기가 되기를 바라는 마음이었다.

나의 그런 마음은 고스란히 독자들에게 전달되었고 리뷰를 통해 다른 사람과 나누고 있다. 『행복의 온도』가 특별한 것은 아니다. 저자의 삶이 특별해 보이는 책이다. 항상 감사하고 희망을 보고 용기를 주는 그런 그녀의 이야기가 보는 이로 하여금 희망이 퐁퐁 솟아나게 한다.'는 리뷰를 보면 눈물이 날 정도로 감사하게 된다.

✿ 경험 위에 인문학적 소양 덧입히기

한 많은 삶을 살아오신 어른들은 '내가 살아온 이야기를 책으로 쓴다면 몇 권의 책으로 써야 한다.'는 말씀을 하신다. 그 어르신의 살아온 이야기를 모티브로 누군가 소설로 쓰면 소설이 되고 드라마 대본으로 쓰면 드라마가 될 것이다. 그러나 모든 사람의 이야기가 소설이 되거나 드라마가 되지는 않는다. 단순히 다양한 경험을 했다고 그것이 스토리가 되지 않는다는 이야기다.

다양한 경험이 스토리가 되기 위해서는 경험 위에 인문학적 소양, 즉 삶에 대한 성찰이 덧입혀져야 한다. 인문학적 소양은 책을 읽고 생각을 나누며 자기 삶에 적용해 가는 과정에서 올바른 가치관이 형성되고 자기와 타인을 존중하고 배려하는 자세를 통해 갖추어지게 된다. 내가 경험한 것들을 통해 무엇을 느꼈고 그것을 내 삶과 어떻게 연결할 것인가를 고민하고 새로운 가치를 창조해 내는 것까지 진행된다면 경험 그 자체가 자산이 될 수 있다.

지금은 내가 배운 지식과 경험을 바탕으로 스토리를 만들고 그것을 책으로 출간하거나 플랫폼을 만들어 새로운 부가가치를 창출하는 사람들이 늘어나고 있다. 스타강사로 알려진 김미경 강사는 '어쩌다 어른'이라는 한 방송 프로에서 '실패에도 에너지가 있다.'는 주제로 강의를 했는데, 일본 강의 공연을 기획했다가 실패했다는 이야기를 통해 "실패는 두 개 모자라는 성공이다."라고 말한다. 만약 일본 강의 공연에서 실패하지 않았다면 실패하고 좌절하는 사람들에게 희망이 되는 "실패는 두 개 모자라는 성공이다."라는 말은 탄생하지 않았을 것이고, 실패에도 에너지가 있다는 주제로 하는 강의에 힘이 실리지 못했을 것이다.

예산을 세우고 기획사를 정한 다음 현지답사를 하고 마케팅까지 마쳤는데 모든 것이 올스톱되는 실패를 경험했을 때, 김미경 강사는 절망하고 좌절하기보다 자신의 실패를 거울삼아 실패로 좌절하고 있는 많은 사람에게 "실패는 두 개 모자라는 성공이다."라며 희망을 주었다. 이렇게 할 수 있는 것은 끊임없는 독서를 통해 인문학적 소양을 경험 위에 덧입혔기 때문이다.

지금부터라도 아이에게 영어 단어 하나 더 외우고 수학 문제 하나 더 풀라고 다그치는 엄마가 아닌 아이와 함께 책을 읽고 다양한 경험을 하며 자신을 둘러싼 사회와 문화를 이해하고, 비판적 사고와 판단능력을 기르도록 하는 엄마이기를 바라는 마음이다.

표준화 교육이
함정이다

우리나라의 학교 교육은 대학 시험에 초점이 맞춰져 있고 무엇을 하든지 좋은 대학에 진학하는 것이 목표다. 공부를 잘하면 좋은 대학에 가고 좋은 대학을 나오면 좋은 직장에 취직할 수 있다는 것이 공식처럼 되어 있다. 교육 현장에서도 4차 산업혁명 시대에는 우리 아이들이 지금의 학교 교육으로는 살아가기 힘들다는 것을 인식하고 혁신을 주장하며 혁신 교육을 시도한다. 그럼에도 불구하고 좋은 성적, 좋은 대학, 좋은 직장에 대한 인식은 변하지 않고 있다.

❀ 우리나라 학교 교육의 현실

안성에서는 2018년 10월 16일 '함께 성장하고 변화하며 행복한 희망을 만들어 가는 안성 교육'이라는 주제로 2018 안성 혁신 교육지구 박람회가 열렸다. 미래 교육포럼과 진로·진학 학습의 새로운 패러다임이라는 학부모 특강이 있었는데 놀이 수업을 통한 창의적 교육과정을 운영하는 선생님, 책 읽는 행복한 학교를 소개한 선생님, 하브루타 수업에 도전하는 선생님, 연극을 통해 수업을 진행하는 선생님 등 현장에서 다양한 시도가 이루어지고 있음을 알 수 있었다. 그런데 이 모든 것들이 초등학교 이야기다.

둘째 날 2022 대입 제도개편과 대입 전형의 이해라는 학부모 특강이 있었다. 혁신을 주장하지만 빠질 수 없는 것이 대입 전형이다. 초등학교에서는 다양한 방법으로 수업을 진행하기도 하고 방과 후 학습을 통해 관심 있는 것들을 배울 수 있는 기회도 주어진다. 그런데 중학교에 들어가면 사정은 달라진다. 교육부는 2013년 42개 연구학교를 시작으로 2018년부터는 전국 중학교 (3,210개교)의 45.8%인 1,470개교가 자유학년제를 시범 운영하고 있다. 지금 고등학교 1학년인 우리 아이는 중학교 1학년 2학기 때 한 학기 동안 자유학기제 수업을 했다.

한 학기 또는 한 학년을 자유학기제로 수업을 해서 맛보기로 토론을 하거나 직업 체험 등 다양한 문화를 경험하고 체험하게 하지만, 그렇다고 대학 진학에서 자유로운 것은 아니다. 무엇보다 부모들의 관심은 대학 진학에 있기 때문에 자유학기제를 운영하는 기간에도 아이들은 입시학원에서 고등학교 혹은 대학 진학에 필요한 공부를 한다.

우리나라에서는 1974년부터 암기식·주입식 입시 위주 교육의 폐단을 개선하고 고등학교 간 학력 차를 줄이는 한편, 대도시에 집중되는 일류 고등학교 현상의 폐단을 없앨 목적으로 고교평준화제도가 시행되었다. 비평준화로 인한 중학생들의 과중한 학습 부담, 명문 고등학교로 집중되는 입시 경쟁의 과열과 그로 인한 학생들의 부담감, 인구의 도시집중 등을 막기 위해 도입된 제도이다. 전국의 모든 지역이 평준화된 것은 아니다. 인구가 적은 소도시는 비평준화 지역으로 소도시의 전통 있는 학교에 학생들이 몰리기도 했다.

그뿐만 아니라 2002년부터는 자립형 사립 고등학교가 인기를 끌었다. 자립형 사립 고등학교는 국가의 재정지원을 받지 않고 학부모가 교육비를 부담하고, 교육과정 운영도 학교가 선택하는 자율학교다. 전국구로 학생을 선발할 수 있었는데 일반 고등학교보다 학비가 비싸기 때문에 아이가 공부를 잘하고 부모가 경제력이 있어야 보낼 수 있는 학교로 알려졌다.

대표적으로 강원도의 민족사관고등학교, 전남의 광양제철고등학교, 경북 포항제철고등학교, 울산의 현대청운고등학교, 전북 상산고등학교, 부산의 해운대고등학교, 서울의 하나고등학교 안산의 동산고등학교 등이 운영되기 시작하였으나, 2010년 모두 자율형 사립 고등학교로 전환되었다.

자율학교로 지정되면 교장은 자격증 유무에 관계없이 유능한 인사를 초빙하여 임용할 수 있고, 교육과정을 자율적으로 편성·

운영할 수 있으며, 교과서도 국정·검정 교과서 또는 인정 교과서 외의 도서를 사용할 수 있다. 학교운영위원회도 학교의 필요성에 따라 자유로이 구성·운영할 수 있었으며, 학생 모집은 교과 위주의 필기 고사가 아닌 다양한 전형 방법을 통해 지역 또는 전국 단위로 선발할 수 있다.

이렇게 많은 부분 자율적으로 학교를 운영할 수는 있지만, 학생들의 최종 목표는 대학 진학이다. 입학설명회에 가면 지난 몇 년 동안 자기 학교에서 국내는 물론 외국의 유명한 대학에 몇 명의 학생들이 진학했는가에 대한 통계를 발표하며 이러저러하게 교육해서 좋은 대학에 진학할 수 있도록 가르치고 있다고 학교에 대해 홍보를 한다.

❋ 학교와 엄마가 인도하는 대로 따라만 다닌 아이

큰아이가 중학교 때 경기도에서 영재로 선발되어 아주대학교에서 2년 동안 영재교육을 받은 적이 있다. 방학 때 세미나가 있어 아이와 함께 갔는데 대부분의 아이가 반짝거리는 까만 승용차를 타고 왔다. 아이와 함께 아주대 교정을 걸으며 '까만 승용차 사이를 걷는 엄마와 아들'이라고 말하며 서로를 보고 웃었다.

세미나가 끝난 후 질문 시간에는 '영재교육을 받은 결과가 고등학교 진학에 어떻게 도움이 되는가?'라는 질문들이 이어졌다. 문제는 이처럼 아이를 키우는 많은 부모가 오직 대학 진학에 초점을 맞추어 아이를 가르치고, 그렇게 공부한 학생들은 대학에 진학한 후 무엇을 어떻게 해야 할지 모른다는 것이다.

창의력이 가장 중요시되는 카이스트 대학에서도 성적으로 들어온 아이들이 스스로 생각해서 하는 일을 가장 어려워해서 신입생들을 대상으로 1년 동안 생각의 틀을 깨는 작업을 한다고 한다. 엄마들은 이제 대학생이 되었으니 네가 알아서 하라고 하는데, 지금까지 학교와 엄마가 인도하는 대로 따라만 다닌 아이는 스스로 알아서 할 수 있는 것이 아무것도 없어 방황하게 된다.

❊ 홈스쿨을 한 작은아이, 6년 후

작은아이가 중학교에 입학하고 한 달쯤 지났을 때 학교가 지옥이라고 학교에 가지 않겠다고 했다. 밖에서 뛰어놀기를 좋아했던 아이는 주로 바지를 입었는데 중학교에서는 스타킹을 신고 치마를 입어야 했다. 갓 입학한 아이에게는 아침마다 스타킹을 신고 치마를 입는 것도 스트레스인데, 체육 교사였던 담임선생님은 중간고사에서 80점 미만은 몇 대를 때리고 어쩌고 하면서 시험에 대한 부담감을 주었다.

집에서 성적이 전부는 아니라고 배운 아이는 담임선생님께 벌써 시험 성적 가지고 부담 주지 않았으면 좋겠다고 했다가 교사의 말에 말대답하는 싸가지 없는 아이로 낙인찍혔다. 새롭게 만난 같은 반 아이들도 작은아이를 이상한 아이로 보자 그런 학교가 지옥처럼 느껴졌던 것이다. 담임선생님을 찾아가 초등학교 때 학생회 회장에 출마할 만큼 밝고 건강하게 성장한 아이인 만큼 새로운 환경에 적응하는 데 시간이 필요한 것 같으니 조금만 기다려 주시면 잘할 거라고 했지만 담임선생님은 받아들이지 않았다.

그 소문은 초등학교 6학년 때 담임선생님한테까지 전해졌고 선생님은 전화해서 네가 어떻게 그럴 수 있느냐고 했다. 충격에 빠진 작은아이는 사람과 눈을 마주치기 두려워 밖에 나가는 것조차 꺼렸다. 결국, 아이는 학교를 그만두고 홈스쿨을 통해 중·고등학교를 마쳤다. 그 과정이 절대 쉽지 않았다.

무엇보다 나 또한 학교 선생님이 죽으라면 죽는 시늉이라도 내야 한다고 배운 구세대이기 때문에 학교를 그만두고 홈스쿨을 결정하기가 쉽지 않았다. 그러나 선생님께 말 한마디 했다가 완전히 문제아가 되어 버린 아이를 살려야겠다는 생각으로 학교를 포기하고 일단 아이에게 집중했다.

학교에 다니지 않으면 큰일 날 줄 알았는데 큰일은커녕 아무 일도 일어나지 않았다. 문제는 내게 있었다. 다른 아이들이 교복을 입고 등교하는데 아이는 아침 늦게까지 이불 속에 있고 수업할 시간에 김치를 담그는 내 옆에 앉아 양념은 얼마나 넣는지 뭘 넣어야 맛이 나는지 물었다. 속이 부글부글 끓고 화가 났지만 그렇다고 아이에게 화를 낼 수도 없는 것이, 내가 아니면 아이 편이 되어 줄 사람이 없다는 것을 알기 때문이었다.

아이는 학원에 다니지도 않았고 과외를 한 것도 아닌데 8개월 만에 중학교 과정 검정고시에 합격하고 다시 일 년 만에 고등학교 과정을 마쳤다. 그리고 자기가 하고 싶은 것을 배우기 원했고 학교에서 배울 수 없는 것들을 배우기 시작했다. 제빵, 드럼, 그림, 도예, 피아노, 검도뿐만 아니라 일본 가수를 좋아하고 영화를 보는 것으로 일본어를 배웠다.

그렇게 6년이 지났을 때, 아이는 혼자 일본과 한국의 문화 교류하는 프로그램을 이용해 15일 동안 일본의 한 가정에 가서 일본문화를 체험하고 왔다. 나는 옆에서 지켜보며 기다려 주기만 했는데 아이는 이 모든 것들을 스스로 찾아서 해냈다.

❀ 성적으로 아이의 미래를 가늠하던 시대는 지났다

지금은 다양성이 중요하게 부각되는 시대다. 그러나 우리의 의식은 표준화 교육에 머물러 있고 유명고등학교나 소위 말하는 일류대학 입학 요강에 촉각을 곤두세운다.

멘사 수준의 큰아이와 학교 밖 아이인 작은아이, 그리고 DNA가 다른 13명의 아이를 키웠다. 성인이 된 두 아이는 나름의 가치관을 가지고 자기 분야를 개척하며 살아가고 있고 다른 아이들도 학교 성적보다는 아이가 재미있게 잘하는 것을 찾기 위해 관찰하고 대화한다.

학교 성적만으로 아이를 평가하고 미래를 가늠하던 시대는 지났다는 것을 알아야 한다. 학교 성적에 목숨 걸고 아이를 다그치는 자리에서 내려와 아이가 무엇에 관심이 있고 뭘 잘하는지 관찰하여 잘하는 것을 더욱 잘할 수 있도록 적극적으로 지원해 주는 것이 부모의 역할이 아닐까 싶다.

조기교육이
아이를 망친다

아기가 태어나면 내 아이만큼은 누구보다 잘 키우고 싶은 것이 엄마의 마음이다. 그런 마음은 내 아이를 다른 아이들과 비교하게 만드는데, 내 아이가 조금이라도 늦는 것 같으면 마음이 조급해진다. 실제로 소아청소년과에 가면 엄마의 눈에는 또래 아이들만 보이고 자연스럽게 몇 개월이냐고 묻게 된다. 그리고 그 아이의 발달 정도를 관찰하며 내 아이의 발달 상태와 비교하여 조금이라도 앞서 있으면 마음이 놓이고 그렇지 않으면 불안해진다.

✻ 유아기의 놀이를 위한 다양한 시도가 중요한 이유

가까운 지인 중에 늦둥이로 딸 하나를 낳아 키우며 지극정성으로 아이를 돌보고 가르치던 엄마가 있다. 초등학교 입학하기 전에 한글을 읽고 쓰는 것은 기본이고 받아쓰기를 하고 구구단을 외울 수 있게 되자 엄마는 입에 침이 마르도록 딸 자랑을 했다.

그런데 정작 학교에 입학하자 공부에는 도무지 관심이 없고 숙제조차 하려고 하지 않았다. 유치원 때 구구단을 외웠으나 구구단을 배우기 시작하는 2학년 2학기가 되었을 때는 다 잊어버려서 다시 외워야 하는 상황이 되었다. 엄마는 잘하던 아이가 왜 갑자기 공부하는 것을 싫어하고 알고 있던 것조차 기억하지 못하는지 모르겠다고 답답해했다.

아이마다 발달 정도가 다르다. 어떤 아이는 책을 좋아하고 글씨에 관심이 많아 네 살 때 한글을 익히는가 하면 숫자에는 관심이 없는 아이가 있다. 아이가 한글을 빨리 익히는 것을 보며 공부 머리가 좋은 것으로 생각하고 수학도 잘하기를 바라는 마음으로 단순 반복 계산을 하는 학습지를 시키게 되면 아이의 뇌는 정지된다.

초등학교 때는 제법 잘하던 아이가 중학교 입학하면서부터 성적이 바닥으로 떨어지고 특히 수학 성적은 겨우 20~30점을 받아 오니 몇 달 만이라도 지도해 주면 안 되겠느냐는 의뢰가 들어왔다. 오래전 '조나단 공부방'을 운영하며 초등학교 고학년 아이들의 수학 성적을 단기간에 올렸던 전력이 있어 조심스럽게 의뢰해 온 것이다.

그런데 내가 가르쳤던 아이들과 의뢰한 아이와는 완전히 달랐다. 내가 가르쳤던 아이들은 어떻게 즐겁게 놀 수 있을까를 생각하며 마음껏 뛰어놀았던 아이들이라 수학 문제를 푸는 즐거움을 알게 했을 때 단기간에 성적이 오를 수 있었다.

그런데 의뢰한 아이는 어려서부터 단순 계산을 반복하는 학습지를 6년 동안 계속했으며 매일 풀어야 하는 분량을 하루도 거르지 않고 꼬박꼬박 풀었던 착한 아이였다. 엄마는 이렇게 성실하게 열심히 하는데 왜 성적이 그 모양인지 도무지 이해하지 못하겠다고 했다.

아이와 함께 중학교 1학년에 배우는 수학 문제집을 가지고 일단 하고 싶은 대로 풀어 보라고 했다. 아이는 문제 자체를 이해하지 못하고 한 문제도 풀지 못했다. 그래서 처음부터 시작한다는 마음으로 자세하게 설명하고 푸는 방법을 안내한 후 숫자만 바꾸어 풀어 보라고 했다. 역시 조금 시작하다가 못 풀겠다고 했다.

단순 반복되는 사칙연산에 길들여진 아이는 지문을 이해하지 못하고 숫자만 바꾸어도 새로운 문제로 인식하여 어려워했다. 문장을 읽고 이해하는 어휘력이 턱없이 부족한 때문이다. 그런데 어휘력은 단기간에 습득할 수 없다는 데 문제가 있다. 어려서부터 책을 많이 읽고 생각하는 힘을 키워야 하는데 그런 과정 없이 입시를 위해 단기간에 외워서 하는 공부나 기계적으로 단순 반복하는 공부는 아무 의미가 없다.

유아기에 재미있게 놀기 위해 다양한 시도를 했던 아이들은 두려움보다는 어떻게 해결할까에 대한 호기심이 발동한다. 그래서 틀리면 다시 하면 된다는 생각으로 다양한 방법으로 시도하게 되고 그런 과정을 통해 아이는 성장하고 발달하게 된다.

❋ 모든 교육은 아이의 관심사에서 출발해야

내가 아이를 키우던 1980년대 후반부터 2000년대 초반까지 조기교육이 열풍을 일으켰다. 영어유치원이 우후죽순 생기고 비디오를 겸한 유아 전용 영어교육 교재가 비싼 값에 팔렸다. 조기영어 교육을 시키지 않으면 내 아이만 뒤처질 것 같은 불안감과 좋은 대학에 진학하고 좋은 직장에 취직하기 위해서는 영어가 필수라는 생각이 아이들을 조기 영어교육 현장으로 밀어 넣었다.

지난 2010년 교육과학기술부 '인문사회 연구 역량 강화' 사업비로 한국연구재단의 지원을 받아 김민진 교수가 '조기 영어교육 경험이 유아의 사회언어학적 능력 발달에 미치는 영향'이라는 논문을 발표하였다. 이 논문에 의하면 유아기에 영어 학원 재원 기간이 길수록 초등학교에 입학해서 수업 참여 방식 관련 언어능력의 점수가 낮아지고 화재 영역에서도 낮은 것으로 나타났다.

유아기는 인지, 언어, 사회정서, 신체 발달 등 제반 발달에 있어 결정적 시기로 발달에 적합한 교육을 받아야 한다. 그 과정에서 해도 되는 것과 해서는 안 되는 행동을 구별할 수 있게 되고 수업에 참여하는 방법을 배운다. 그런데 어느 한 부분에 집중하게 되면 다른 부분의 발달이 늦어지거나 부족할 수밖에 없고, 초등학교에 입학하게 되면 유치원보다 엄격하고 규칙을 강조하는 교실 환경에 적응하는 데 어려움을 겪을 수밖에 없다.

언어학자뿐만 아니라 뇌 기반 교육학자들도 언어 습득은 조기 노출이 훨씬 효과적이라고 말한다. 하지만 이는 외국어를 자연스럽게 배울 환경이 조성됐을 때의 이야기다. 외국어가 일상어가 아닌 환경에서 유창한 실력을 갖추게 하기 위해 무리한 암기나 억지로 환경을 만들어 주는 것 등은 아이에게 부정적인 영향을 끼칠 우려가 있다.

모든 교육은 아이의 관심사에서 출발해야 한다. 외국어 조기교육도 마찬가지다. 유아기에 필수적인 언어교육은 언어라는 도구를 사용해 '나'를 당당하게 표현하는 기반을 마련해 주는 것이다. 이것은 모국어로 편안하게 이루어지는 활발한 언어 경험이 충분히 선행되지 않으면 불가능하다. 유창한 외국어 실력을 갖추기 위해 모국어 경험을 놓치는 것은 더 큰 부작용을 가져올 수 있다고 전문가들은 우려를 표한다.

❀ 아이가 원해서 능동적으로 기획하고 통제하는 놀이

'조나단 공부방'을 운영하며 아이들에게 학습지도를 할 때의 일이다. 우리 아이들이 자연스럽게 4~5세에 한글을 익혀서 다른 아이들도 그렇지 않을까 하는 생각을 했었다. 그런데 유아기에 책을 많이 읽어 주고 책과 친한 아이와 그렇지 않은 아이는 어휘력이나 이해력, 그리고 한글 습득 속도가 너무나 달랐다.

어떤 아이의 경우 일곱 살로 다음 해에 학교에 입학해야 하는데 도무지 글씨에 관심이 없고 습득이 되지 않았다. 하루 한 시간 나와 함께 학습하는 것으로는 어려워 집에서 놀이를 통한 한글 지도 방법을 알려 주고 아이와 함께 놀아 달라고 부탁했지만, 노동일을 하시는 어머니는 어려워했다. 결국, 아이는 일 년 만에 겨우 동화책을 더듬거리며 읽는 수준으로 마무리하고 학교에 입학하게 되었다.

반면 일곱 살인데 한글을 익히지 못했다고 의뢰가 들어온 남자아이는 한글 습득 속도가 수직으로 상승했다. 한글을 전혀 몰랐던 아이가 4개월 만에 동화책을 줄줄 읽게 되자 아이의 어머니와 할아버지가 정말 고맙다고 떡을 한 말 해서 보냈다. 내가 잘 가르친 것이라기보다는 그 아이가 준비되어 있었기 때문에 흡수가 빨랐던 것이다.

호기심이 많은 영·유아기에는 세상과 직접적인 상호작용을 통한 능동적인 배움이 가장 적합하다. 그중에서도 놀이를 통한 교육이 가장 효과적인데 놀이를 통한 교육 또한 엄마의 욕심이 반영된 엄마표 놀이가 아니라 아이가 원해서 능동적으로 기획하고 통제하는 놀이여야 한다.

엄마의 지시나 간섭이 없어야 하고, 제품화된 아이템에 의존하거나 다른 사람에 의해 규칙이 부여된다면 이미 놀이가 아니라 정형화된 교육에 가까워 놀이의 순기능을 상실하게 된다. 아이의 생각과 감정이 억압된 교육은 아이와 좋은 관계를 형성할 수 없게 하고, 아이와 좋은 관계가 형성되지 않으면 교육은 물론 훈육도 할 수 없게 된다는 사실을 기억해야 한다.

잘 노는 아이가
상상력과 창의력이 높다

옛날이나 지금이나 세상에서 가장 어려운 일 중의 하나가 아이와 잘 노는 것이다. 아이와 노는 일과 몸을 사용해서 하는 일 중에 어떤 일을 하겠냐고 묻는다면 대부분의 사람은 몸을 사용해서 하는 일을 하겠다고 할지도 모른다. 그만큼 아이와 노는 일이 쉽지 않다는 이야기다. 아이들은 지치지도 않고 움직이고 말도 안되는 것을 요구하거나 이성적으로 맞지 않는 말을 하기도 한다. 어른들이 보기에는 모순이고 잘못된 말이기 때문에 수정해 주려고 한다.

❋ 어른들은 이해 못 하는 소리의 움직이는 예술관

예를 들면 어느 날 여섯 살 된 소리가 색종이로 개구리를 접어달라고 했다. 어린이집에서 선생님과 친구가 개구리 접는 것을 보고 와서 자기도 그렇게 만들어 보고 싶은데 잘 안 되니까 왜 안 되느냐고 펄펄 뛰며 울다가 개구리를 접어 달라고 한다. 오래전 접어 보기는 했지만 기억이 나지 않아 개구리 접는 법을 모르겠다고 했더니, 접는 순서를 보여 주며 이렇게 접는 것이라고 한다.

소리가 순서는 아는데 정확하게 접지 않아 개구리 모양이 제대로 나오지 않고 마무리 단계에서 어떻게 하는지 모르겠다고 하여 인터넷에서 개구리 접는 방법을 검색해 소리와 함께 만들기 시작했다. 소리는 만족한 듯 다양한 색으로 여러 마리를 접더니 아기개구리도 접어 달라고 한다. 색종이를 4조각으로 나누어 작은 개구리를 만들어 아기개구리라고 주었더니 좋아서 입이 귀에 걸린다.

그렇게 만든 개구리를 이번에는 입고 있는 옷 앞자락과 양어깨 부분에 붙여 달라고 한다. 왜 그렇게 붙이려고 하느냐고 물었더니 자기가 만든 개구리를 친구들에게 보여 주기 위해서라고 한다. 그래서 스카치테이프로 셔츠 앞자락과 양어깨 위에 붙여 주었다. 한참을 자랑스럽게 어깨를 펴고 왔다 갔다 하며 놀다가 조심스럽게 벗어 놓고 잠이 들었다. 소리가 소중하게 생각하는 것 같아 벗은 옷을 세탁 바구니에 넣지 않고 놓아두었는데 아침에 일어나자마자 옷부터 찾았다.

아침에 어린이집 가기 싫다고 할 때가 자주 있는데 그날은 일찍 어린이집으로 향했다. 그런데 놀랍게도 하원할 때도 개구리가 그대로 옷에 붙어 있었다. 선생님과 친구들이 잘 접었다고 칭찬해 주고 좋아했다고 한다. 어른들이 보기에는 지저분하게 뭐 하려고 그렇게 붙여서 다니느냐고 할 수 있겠지만 소리에게는 자기가 만든 작품을 옷에 붙여 전시하는 움직이는 예술관이다.

그다음에는 강아지를 접은 다음 강아지 기에 좋아, 하트, 사랑이라고 써서 옷에 붙였다. 물론 한글을 쓸 줄 모르기 때문에 소리가 써 달라는 대로 내가 써 주었는데 그 또한 이틀을 옷에 붙이고 다녔다. 그뿐 아니라 친구가 선물해 준 것이라고 하며 색종이를 아무렇게나 접고 또 접은 다음 테이프로 단단히 붙여 놓은 것을 소중하게 가지고 다녔다.

✿ 다양한 놀이로 성장하는 상상력과 창의력

이처럼 아이들은 색종이 한 장 가지고도 며칠을 지루해하지 않고 재미있게 놀며 아무렇게나 구겨 놓은 것 같은 것도 친구가 준 선물이라고 소중하게 생각한다. 그럴 때 어른들의 시각으로 지저분한 것을 왜 가지고 다니느냐고 핀잔을 주면 아이는 상처받고 아파한다. 엄마의 이런 행동은 이제 막 돋아나는 여린 새싹을 싹둑 자르는 것과 같다.

어린이집이나 유치원에 오는 아이들을 보면 어떤 아이는 예쁜 구두를 신고 드레스를 입고 오기도 하고 정장 스타일의 옷을 입고 오는 남자아이도 있다. 내가 보기에도 귀엽고 사랑스럽고 예쁘다. 그런데 이런 옷차림이 아이들에게는 도움이 되지 않는다. 이렇게 멋진 옷을 입은 아이들은 옷에 더러운 것이 묻을까 봐 잘 놀지 못하고 조심스러워 한다.

엄마들 또한 비싸고 좋은 옷이니 깔끔하게 입기를 바란다. 다양한 놀이를 즐기며 감정을 발산하고 생각을 표현하며 확장시켜 나가야 하는데 그럴 기회를 잃어버린 아이들은 상상력과 창의력이 성장할 기회를 함께 잃는다.

아이들이 모래를 좋아하는 것은 부드러운 촉감 때문이기도 하지만 자기가 만들고 싶은 모양을 만들고 마음에 들지 않으면 다시 만들 수 있기 때문이다. 아이들은 쉴 없이 재미있게 노는 방법을 찾는다. 미끄럼틀을 타도 계단으로 올라가 바르게 앉아 내려오는 것을 두세 번 반복하면 재미가 없다. 이때 아이는 거꾸로 내려오거나 내려오는 미끄럼틀을 죽죽 미끄러지면서 끝까지 거꾸로 올라간다. 그리고 위에 서서 의기양양하게 힘들게 올라간 미끄럼틀을 다시 내려온다.

어른들이 보기에는 아무것도 아닌 것 같지만 아이들은 같은 놀이를 다른 방법으로 노는 것을 시도하고 그러면서 상상력과 창의력이 향상되는 것이다.

❋ 나의 창의적인 음식 만들기

결혼해서 시댁에 갔을 때 힘들었던 것이 음식을 만드는 일이었다. 잡채를 할 때는 무슨 재료를 어떤 형태로 썰어 얼마나 넣어야 하고 명절 때마다 꼭 해야 하는 음식들이 정해져 있었다. 열일곱 살에 독립해 자유롭게 살아온 나에게는 무척 피곤한 일이었다. 집에 있는 재료들을 이용해 가족들이 맛있게 먹을 수 있도록 만들면 된다는 것이 내 음식 만들기 철학인데 형님들에게 내 철학은 통하지 않았다.

내가 마음대로 할 수 있는 것은 우리 집의 주방이고 주방은 나의 고유 영역이다. 그곳에서 나는 최고의 주방장이 되어 나만의 창의적인 음식을 만들고 우리 가족은 그렇게 만들어진 음식을 맛있게 먹는다.

맏며느리로 시어머님의 살림 교육을 잘 받은 선생님이 주간에 근무하게 되었다. 별 양념 안 하고 뚝딱뚝딱 만든 것 같은데 맛있다고 신기해한다. 김장할 때는 마늘과 생강은 물론 양파를 갈아 넣고 쪽파를 꼭 넣으며 굴을 넣어야 맛있는 김치가 된다고 믿고 그렇게 해 왔다고 한다.

반면에 나는 대파와 마늘, 생강과 갓 정도만 넣고 김장을 한다. 배추김치에 속이 많이 들어가는 것을 싫어하고 깔끔한 것을 좋아해서 몇 년 동안 간수를 쪽 뺀 국산 소금을 사용하여 간단하게 담근다. 그렇게 담근 김치는 다음 해 여름이 될 때까지 먹어도 무르지도 않고 깔끔하고 시원한 맛이 있다.

요리사들이 보기에는 엉터리 주방장이라고 할지 모르지만, 레시피에 맞추어 음식을 만들 수 없을 만큼 가난하게 살던 때에 있는 재료들을 이용해 가족들이 맛있게 먹을 수 있는 음식을 만들기 위해 노력하다 보니 지금은 습관이 되었다.

아토피나 천식이 있는 아이들의 면역성을 어떻게 강화해 줄 수 있을까 생각하다 집에서 재배한 강황을 가루로 만들어 놓은 것이 있어 밥물에 강황을 희석해 밥을 해서 온 가족이 먹었다. 그 영향이라고 단정할 수는 없지만, 아토피와 천식이 사라지고 감기를 달고 살던 아이들이 병원에 가지 않게 되었다.

요즈음에는 밥할 때 노니 가루를 한 티스푼씩 넣어 밥을 한다. 남편이 항암 효과가 있고 염증을 제거하는 효과가 있다는 광고를 보고 노니를 구매했는데, 가루를 물에 타서 먹기가 나빠 잘 안 먹게 되었다. 그래서 조심스럽게 한 티스푼을 밥물에 타서 밥을 했더니 냄새도 맛도 느껴지지 않아 아이들이 잘 먹었다. 그렇게 먹는 것이 의학적으로 얼마나 효과가 있는지는 모르지만 1%라도 의학적 효과가 있다면 그것으로 만족한다.

❋ 창의성은 무에서 유를 창조하는 것이 아니다

나의 창의적인 음식 만들기는 유년기를 자유분방하게 보낸 것도 한몫한다. 어려서 팔에 힘이 없어 물 한 초롱도 들지 못하고 유난히 잔병치레를 많이 했던 나는 모든 일에서 벗어났다. 아프지만 않기를 바라는 가족들의 배려에 아이들이 집안일을 돕는 것이 당연하게 여겨지던 시절에 나는 마음껏 놀았다. 그렇게 성징한 나는 새로운 것에 도전하는 것을 두려워하지 않게 되었다.

창의성은 무에서 유를 창조하는 것이 아니다. 무에서 유를 창조하는 것은 하나님만이 할 수 있는 일이고, 인간은 있는 것을 다른 각도에서 보거나 더하고 빼서 원래의 것과 다르게 만드는 것이다. 그러기 위해서는 자유롭게 다양한 방법으로 노는 경험이 필요하다. 어떻게 재미있게 놀 수 있을까 생각하며 다양하게 시도하는 것이 상상력과 창의력을 높이기 때문이다.

로봇에게는
가치관이 없다

사람이 살면서 중요한 것 중의 하나가 가치관이다. 가치관은 옳은 것과 그른 것, 바람직한 것과 바람직하지 않은 것, 해야 할 것과 하지 말아야 할 것을 구별하는 생각을 말하기 때문이다. 가치관의 개념은 개인적 가치관과 사회적 가치관으로 나눌 수 있다. 개인적 가치관은 개인의 선호도나 의지에 따라 명백해지는데 반하여 사회적 가치관은 개인적 가치관이 보다 추상화될 수 있는 범위가 넓고 전체 사회 문화와 관련이 있다.

❋ 올바른 가치관 없는 진정한 행복은 없다

사람은 외면적 가치관과 내면적 가치관을 지향하게 되는데, 외면적 가치관을 중요하게 생각하는 사람이 있는가 하면 내면적 가치관을 더 중요하게 생각하는 사람도 있다. 외면적 가치는 돈, 권력, 지위, 명예, 향락 등을 포함하고 내면적 가치는 인격, 지식,

예술, 자유, 우정, 정의 등을 포함한다. 요즈음은 많은 사람이 외면적 가치를 더 중요하게 생각하게 되는데 그것은 보이는 것으로 사람을 판단하는 경향이 있기 때문이다.

외면적 가치에는 강한 경쟁성이 존재하여 외면석 가치를 최우선의 가치로 추구하게 될 경우 문제가 심각해진다. 외면적 가치 체계를 내면화한 사람들이 그것을 향해 열심히 행동하는 풍조가 강하면 강할수록, 사회적 혼란과 욕구불만은 더욱 커지기 때문이다. 근대화가 급속도로로 진전되면서 생명, 건강, 자유, 사회 정의, 평화, 도덕적인 인품, 탁월한 예술, 지식, 우정 등과 같은 공공적 가치를 우선 생각하기보다 사사로운 이익에 초점을 맞추는 경우가 더욱더 많아지고 있는 것이 현실이다.

나는 외면적인 것에 별로 관심을 기울이지 않으며 살았다. 관심을 기울이지 않았다기보다는 관심을 기울일 수 없었다고 하는 것이 맞을 것이다. 1960년대 초반 배우지도 못하고 가진 것도 없는 가난한 농부의 둘째 딸로 태어나서 돈이 없어, 하고 싶은 공부를 하지 못했다.

내 자식은 돈이 없어서 하고 싶은 공부를 하지 못하는 상황을 만들지 않겠다는 생각으로 열심히 일하며 먹을 것 안 먹고 입을 것 안 입으며 악착같이 돈을 모으기 위해 살았던 때가 있었다. 그때에도 명예와 권력은 물론 먹고 마시고 노는 것에는 관심이 없었다. 반면 책을 읽고 생각하고 지식을 습득하는 일은 쉬지 않고 하며 인격적 성숙을 이루기 위해 노력했다.

그리고 인생에 경륜이 쌓이고 사려와 판단이 성숙하여 남의 말을 받아들일 줄 안다는 이순을 바라보는 지금, 다른 사람으로부터 존중받으며 행복하게 살고 있다. 그것은 나만의 확실한 가치관을 가지고 세상 풍파에 휘둘리지 않으며 묵묵히 살아온 결과다. 사람들은 지금의 결과만을 보고 부러워하며 나처럼 살고 싶다고 말한다. 과정 없는 결과 없고, 올바른 가치관 없는 진정한 행복은 없다.

✼ 올바른 가치관 없이 성장한 아이들의 설 자리가 사라진다

현재 우리나라의 자화상은 어떤 가치관을 갖고 살아야 할 것인가에 대한 전망과 방향의 부재 현상 속에서 무작정 남을 쫓아 흉내 내는 쏠림 현상이 지배적이다. 상식은 무너지고 편법의 힘이 곧 능력 있는 자로 평가받는 사회가 되었다. 뉴타운, 대박, 부자 되기, 조기유학, 명품족 등 쉽게 돈을 벌어 즐기며 사는 삶에 대한 동경이 젊은이들을 유혹한다. 이런 현상은 어린 초등학생들까지 물들게 하여 어느 아파트 몇 평에 사느냐에 따라 친구가 나뉘고 최신 휴대폰을 가지고 메이커 옷과 신발을 신지 않으면 그 친구들의 대열에 합류하지 못한다. 가치관의 부재다.

가치관은 '내가 만들어야지'라고 생각한다고 만들어지는 것이 아니라 태어나면서부터 만들어지기 시작하고 자신의 내면에 내재화되기 시작한다. 유아기에는 부모의 양육 과정에 따라 형성되고 청소년기가 되면 또래 관계 속에서 형성되며 성인이 되면 기존에 형성된 가치관들을 실천하고 새롭게 수정하고 보완해 가게 된다.

그런데 아이를 양육하는 부모가 올바른 가치관 없이 다른 사람들과 비교하며 따라 하기 시작하면 아이 또한 그렇게 성장할 수밖에 없다. 그렇게 성장한 아이들의 설 자리가 사라지고 있다. 알고리즘화할 수 있는 모든 일자리는 인공지능 로봇으로 대체되기 때문이다.

인공지능 로봇에게 일자리를 빼앗긴다는 이야기는 어제오늘 일이 아니다. 무인자동차 시대가 오고 드론이 택배를 배달하며 초밥까지 로봇이 만드는 시대다. 내가 어렸을 때는 버스에 안내양이 있어 버스비를 받고 거슬러 주었고 전화교환원은 국가자격증으로 내 적성에 맞을 것 같아 자격증을 취득했지만 한 번도 사용하지 못했다.

버스 안내양도 전화교환원도 어느 순간 사라졌던 것을 보면 분명 우리 주변의 수많은 일자리가 로봇으로 대체되는 것은 시간문제가 아닐까 싶다. 2030년에는 국내 일자리의 25%가 로봇과 자동화로 대체될 것이라는 전망이 나오고 있으니 우리 자녀들이 어떤 직업을 가지고 살아갈 수 있을지 고민하지 않을 수 없다.

✼ 하늘이 무너져도 솟아날 구멍이 있다

2015년 7월, 세계 최초의 로봇 호텔로 기네스북에까지 오르며 주목을 받았던 일본 '헨나호텔'이 2019년 1월 243대의 로봇 중 절반을 해고했다는 뉴스가 나왔다. 체크인을 담당하는 공룡 로봇은 여권 복사 하나 못해서 직원이 계속 수습해 줘야 했고, 객실까지 짐을 나르는 로봇은 평면으로만 움직일 수 있으며 비를 맞으면 가동이 중단됐다.

그럴 뿐만 아니라 수하물 운반 로봇은 100개 객실 중 24개의 객실에만 접근이 가능했는데 그마저도 충돌사고가 빈번했던 것으로 알려지고 있다. 한 투숙객은 객실마다 있는 인공지능 로봇 추리가 몇 시간에 한 번씩 말을 걸어와서 잠을 못 잤다고 한다. 잠에서 깨 왜 그런지 따져 물으면 로봇은 '미안합니다. 무슨 말인지 이해를 못 했습니다. 다시 한 번 말씀해 주십시오.'라는 멘트를 반복했다고 한다.

로봇은 사람이 입력한 자료에 의해 작동한다. 정해진 절차대로 일하는 것이다. 상황을 인식해서 작동하는 로봇 또한 사람이 입력한 방대한 자료와 상황 정보에 의해 로봇 내부에 내장된 기기가 주변 상황을 감지하여 적절하고 유용한 서비스를 제공하게 된다. 이런 기술은 의료, 교육, 재난 구호, 디지털 홈, 로봇 서비스, 사무실 환경, 여행 도우미 등과 같은 다양한 분야에 걸쳐 활용되고 있지만, 상황 정보의 종류가 매우 많고 수집해야 하는 자료의 양이 너무 많아 시스템을 구성하기가 쉽지 않다.

❈ 로봇에게는 가치관이 없다

그렇다면 우리 아이들은 어떤 직업을 선택해야 할까? 간단하다. 로봇으로 대체될 수 없는 직업을 선택하면 되는데 그런 직업은 올바른 가치관을 가지고 사람의 감성을 다루는 직업이라고 할 수 있다. 가장 안전한 직업으로 레크리에이션 치료사가 꼽히고 있으며, 그 외에도 패션디자이너 사회복지사, 직업상담사, 외과 의사, 치과 의사, 정신건강 카운슬러, 간호사 등이 안전한 직업으로 꼽히고 있다.

내가 자랄 때는 시키는 대로 잘 따라 하는 착한 아이를 모범생이라고 칭찬했다. 엄마들 또한 아이가 말 잘 듣고 고분고분하면 키우기 수월하고 좋다. 그러나 21세기에는 착한 아이가 아닌 분명한 자기 가치관을 가지고 자기를 표현하며 공감 능력이 있어야 한다. 로봇과의 일자리 경쟁에서 살아남기 위해서는 로봇에게는 없는 자기 가치관을 가지고 살아갈 수 있는 아이로 키우는 것이 무엇보다 중요한 시대다.

육아에는
골든타임이 있다

영유아기는 인생에서 부모가 아이와 제일 살가운 시간을 보낼 수 있는 최고의 적기다. 매일 먹고 자고 배설하는 것이 전부인 것 같은 영유아기가, 아이와 좋은 관계를 만드는 가장 귀한 시간이라는 것을 꼭 기억하기 바란다.

육아는 이론이 아니라
리허설 없는 실전이다

　세상에서 가장 어려운 일이 무엇이냐고 묻는다면 망설이지 않고 아이를 낳아 잘 키우는 것이라고 말할 것이다. 배 아파 낳은 두 아이와 가슴으로 낳은 열세 명의 아이를 포함해 열다섯 명의 아이를 키우고 있지만, 여전히 한 아이를 바르게 양육한다는 것이 어렵게 느껴진다. 아이마다 기질과 생각, 상황이 다르기 때문이다.

❋ 아이가 태어나는 순간부터 시작되는 시행착오

　핸드폰은 물론 컴퓨터가 일반화되지 않았던 때에 아이를 낳아 키웠다. 한 아이의 엄마가 된다는 것이 어떤 것인지 모르고 덜컥 엄마라는 자리에 앉게 되었다. 임신을 확인하고 입덧이 시작되면서 평소와는 다른 입맛과 거부감에 놀라고 태동을 느끼면서 내 몸속에서 또 다른 생명이 자라고 있다는 생명의 신비함에 감동했다. 진통이 느껴지고 아이가 태어나기까지의 극심한 통증에도 하늘이 노래져야 아이가 태어난다는 어른들의 말씀을 새기며 이를 악물고 참았는데 아이가 태어나는 순간의 기쁨은 그 모든 아픔을 잊게 했다.

그러나 아이가 태어나는 순간부터 나의 실수와 시행착오는 시작되었다. 아이는 본능적으로 젖을 빨고 그런 아이가 먹을 수 있도록 젖이 돌기 시작하는데 젖이 잘 나오도록 풀어 주지를 못했다. 계속 마사지를 해서 풀어 주어야 하는데 아기를 낳은 산모가 직접 마사지를 하는 것은 어렵고 신랑이 등 뒤에서 안고 풀어 주라고 했다.

온종일 일을 하고 온 남편이 마사지를 해 보지만, 쉽사리 풀리지 않았다. 요즈음 같으면 컴퓨터로 검색해서 여러 가지 방법을 시도해 보겠지만 당시에는 컴퓨터의 컴 자도 모르던 때라 육아와 관련된 책을 보고 냉찜질을 해 주면 좋다고 해서 얼음을 사다가 냉찜질을 했다. 그 모습을 본 시어머니는 기겁하시며 옛날에는 방 네 귀퉁이를 기면서 젖을 먹였다고 하시고 다 그렇게 아픈 거라고 하셨다. 젖은 점점 단단해지면서 빨갛게 열이 나기 시작했고 도저히 통증을 참기 어려워 병원을 찾았다.

의사 선생님은 조금 더 늦었으면 수술할 뻔했다고 빨리 병원에 오지 않은 것을 나무라셨다. 한 달 동안 약을 먹으며 염증 치료를 하고 아이에게는 우유를 먹였는데, 치료가 되어 약을 중단하자

다행히 젖이 다시 나오기 시작했다. 보통은 젖이 말라 우유로 키우게 된다는데 이유는 알 수 없지만, BCG를 맞히러 가는 날 옷이 젖어서 보니 젖이 다시 나오기 시작했고 아이는 돌이 되도록 젖을 먹고 자랐다.

✽ 부모의 가치관에 따라 아이의 교육 방법이 달라진다

요즈음은 육아 서적도 많고 컴퓨터를 통해서도 얼마든지 육아에 대하여 궁금한 것을 알아볼 수 있기 때문에 굳이 어른들께 여쭈어보지 않아도 된다. 무엇보다도 어른들이 하는 방법은 옛날 방식이라는 생각이 기본적으로 깔려 있어 들으려고 하지 않는다. 어른들이 보기에는 그런 젊은이들의 양육 방식이 못마땅한 경우가 많아 육아로 인한 고부갈등의 원인이 되고 있다.

아이가 자라 어린이집에 보내게 되면 생각의 차이는 더 벌어진다. 젊은 엄마 중에는 아이에게 구두를 신기고 신사복이나 공주옷 같은 예쁜 옷을 입혀서 보내는 경우가 있다. 어린아이가 그렇게 옷을 입으면 보기에는 정말 예쁜데 활동하기에는 적절하지 않다. 아이는 마음껏 뛰어놀고 스스로 화장실도 가야 하는데 아직 옷을 벗고 입는 것이 익숙하지 않은 아이는 선생님의 도움을 받아야 한다.

막내가 어린이집에 다닐 때 원복 선정을 위하여 설문조사를 했다. 체육복처럼 활동하기 편한 옷으로 야외 활동을 나갔을 때 우리 원아임을 알 수 있도록 색과 디자인을 선정하면 좋겠다는 생각을 했는데 최종 선정된 원복은 신사복이었다. 설문조사를 통해 다수가 원하는 옷으로 선정했으니 우리 아이만 안 한다고 할 수 없어 울며 겨자 먹기로 십 몇 만 원을 주고 구매했고 일주일에 세 번 원복 입는 날을 정해 원복을 입고 등원했다.

원복을 입고 등원하는 아이들을 보기에는 멋지고 예뻐 보였는데 정작 아이는 입기 불편하고 안 입으려고 했다. 결국, 우리 아이는 몇 번 안 입고 그대로 옷장 속에 걸어 놓았다가 누군가 필요한 사람을 위해 아름다운 가게에 보냈다.

아이가 학교에 가고 학습지도와 진로지도를 해야 하는 때가 되면 부모의 가치관에 따라 아이들의 교육 방법이 완전히 달라진다. 학교 선생님과 부모, 그리고 아이가 맞아야 하는데 각기 따로 노는 경우가 많다. 그나마 초등학교 때는 다양한 경험을 통해 재능을 발견하고 재능에 따라 교육하기 위해 노력하지만, 일단 중학생이 되면 상황은 달라진다. 재능은 재능이고 좋은 대학이 목표가 되어 모든 것을 좋은 대학에 가기 위한 것에 초점을 맞추게 된다.

❋ 대학이냐 직업이냐, 특성화고등학교

『이제는 대학이 아니라 직업이다』의 손영배 저자는 충남 공주에서 태어나 공주사대 부속 고등학교를 거쳐 충남대학교 기계설계과로 진학해 현대그룹 공채에 합격해 회사원으로 6년간 일했다. 대학 진학을 앞두고 초등학교 교사이던 아버지와 학교 선생님의 사범대학 진학 권유를 뿌리치고 자신이 하고 싶었던 분야로 진학해서 현대모비스 본사에서 6년 근무하고 인타민사로 전직해서 1년간 근무했다.

그러던 중 잦은 해외 출장과 지방 출장으로 가정을 돌보기 어렵고 더욱이 자식 교육을 더는 소홀히 할 수 없다는 생각에 과감하게 특성화고 교사로 전직하게 된다. 특성화고등학교는 사회 진출로 방향을 정한 학생들이 고등학교 때부터 사회 진출을 목표로 공부하고 기술을 연마하는 곳이다. 저자는 학교의 특성을 살리고 취업과 연계할 방법으로 전국 최초로 학교기업 인가를 받아 학교 안에서 자동차정비 학교기업을 운영하여 학생 CEO를 배출하고 취업 업무를 수행했다.

그 소문은 일본까지 전해져 10년간 일본과 한국 교사의 정례적인 학술 교류를 주도하고 있다. 다양한 경험을 한 뒤 결국 교사가 되었으니 아버지와 담임선생님은 손영배 저자의 적성을 정확하게 파악하신 셈이다. 그러나 아버지나 담임선생님 말씀을 따라 곧바로 사범대학에 진학했다면 지금처럼 진로지도를 하는 선생님은 되지 못했을 것이다.

우리 아이 중에도 두 명의 아이가 특성화고등학교에 다닌다. 이 아이들의 경우 대학에 진학하면 다양한 경로를 통해 장학금을 받을 수 있기 때문에 대학 졸업까지 아주 큰 어려움은 없다. 그런데 나도 아이들도 대학 진학이 목표가 아닌 직업이 목표였기 때문에 갈등 없이 특성화고등학교에 진학했다. 거기에는 좌충우돌하며 사회를 경험하고 아이 둘 낳은 후 대학에 진학했던 내 경험이 한몫했다고 할 수 있다.

특성화고등학교에서는 2학년 때부터 학교에서 하는 이론 교육과 회사에 나가 실습을 하는 실습 교육을 병행하는 도제반이 운영된다. 부모와 학생이 함께 동의해서 하게 되는데 아이는 도제반에 들어가기 원하는데 부모가 반대하는 경우가 많다. 전문대라도 대학을 나와야 한다는 것이 이유다. 도제반에 들어가게 되면 실습 나갈 회사를 정하기 전에 학교와 계약이 되어 실습지로 정해진 회사를 견학하게 되는데 그때 부모도 같이 갈 수 있도록 한다.

작년 11월, 올해 2학년이 되는 아이와 함께 실습지 견학을 하게 되었다. 그런데 놀랍게도 도제반으로 확정된 20여 명의 학생 중에 견학에 참여한 학부모는 나 혼자뿐이었다. 여러 가지 이유가 있겠지만 아이가 처음으로 사회라는 것을 경험하고 앞으로의 직업과 연계될 실습지를 선택하는 데 이토록 관심이 없다는 데 놀랐다.

　궁금해서 인솔하시는 선생님께 여쭈어보았더니 특성화고등학교에 다니면서도 대학 진학을 목표로 하는 아이들이 많다고 한다. 특성화고등학교를 나오면 가산점이 부여되어 대학 진학이 쉬워지는 것을 이용하여 성적보다 좋은 대학에 진학할 수 있지만, 대학에 가서 제대로 공부하는 학생들은 20%도 안 된다며 안타까워하셨다.

❋ 육아는 연습도 없고 리허설도 없다

　한 아이가 태어나서 건강한 사회인으로 살아가기까지 긴 시간을 먹이고 입히며 가르쳐야 한다. 여기에 부모의 경험과 가치관은 큰 영향을 미치게 된다. 가르치는 학생들의 진로지도는 잘하면서도 정작 내 아이는 안 되더라는 현직 교사로 근무하는 친구들의 말처럼 마음대로 안 되는 것이 자식 일이다.

　모든 공연은 수많은 연습을 통해 완성도를 높이고 그것도 모자라 실제로 공연하기 바로 전에 리허설이라는 것을 통해 실제 공연할 무대에서 다시 한 번 점검한다. 그런데 육아는 연습도 없고 리허설도 없다. 그런 육아에 성공하기 위해서는 책을 읽고 생각하며 삶에 적용하는 과정을 통해 부모가 인문학적 소양을 갖추고 아이를 따뜻한 눈으로 바라보며 방향 제시를 할 수 있어야 한다. 그래도 돌아보면 조금 더 사랑하지 못한 아쉬움과 후회가 남게 마련이다. 모든 부모가 리허설 없는 육아에 성공하기를 바라는 마음이다.

아이는
기다려 주지 않는다

"시간은 돈이다."

- 벤자민 플랭클린 -

　누구나 한 번쯤은 들어 보았을 명언이다. 급속도로 변하는 세상에서 바쁘게 살아가는 현대인들에게 있어 시간은 돈보다 귀한 그 무엇이다. 그런데 신은 모든 사람에게 공평하게 하루 24시간을 사용할 수 있도록 나누어 주었다.

　시한부 판정을 받은 사람들에게 그 24시간은 그 무엇과도 바꿀 수 없는 소중한 것이기에 사랑하는 사람들과 더 많은 추억을 만들기 위해 한순간도 소홀히 할 수 없는 시간이고, 고 3 수험생에게는 경쟁에서 우위를 점해야 내가 원하는 대학에 가서 원하는 삶을 살 수 있다는 생각 하나로 시간과 줄다리기를 한다.

❀ 생후 1년, 성장 발달을 위한 가장 중요한 시기

　그렇다면 이제 막 세상에 태어난 아이들은 어떨까? 막 세상에 태어난 아기는 눈도 뜨지 않고 본능에 의해 젖을 빤다. 그런 아기는 어느새 고개를 가누고 몸을 뒤집고 기다가 혼자 힘으로 앉기도 한다. 어느 정도 다리에 힘이 생기면 뭔가를 잡고 일어서서 한 발씩 걷게 되고 익숙해지면 손을 놓고 한 걸음씩 걷게 된다. 넘어지고 또 넘어지면서도 걷는 것을 포기하지 않는 아기는 얼마 지나지 않아 걷고 뛰게 된다.

　이렇게 아기는 태어난 지 1년이 지나면 키와 몸무게는 2배가 되고 엄청난 변화를 경험하게 된다. 또한, 엄마 젖만 빨던 아기는 생후 6개월 정도가 되면 고형식 먹는 연습을 시작으로 서서히 젖떼기를 시작하고 옹알이를 시점으로 말을 배운다. 이처럼 생후 1년간 아기는 눈부시게 성장 발달을 하면서 세상에 나갈 수 있는 모든 준비를 하게 된다.

　아기가 일어서고 혼자 걸을 수 있다는 것은 아이의 성장 발달에 있어서 매우 중요한 의미가 있다. 누워서만 보던 세상과 사물을 비로소 올바르게 바라볼 수 있다는 것을 의미하기 때문이다. 또 젖떼기를 통해 엄마로부터 독립하게 되고 말 배우기를 통해 사회성을 기른다. 걷고 말하면서 독립된 개체로서 '사회 활동'을 하게 되고, 책임감과 성취욕을 조금씩 키워 가며 혼자서 할 수 있는 것들에 적응하기 시작한다.

아기들은 먹고 자고 배설하는 것만 하는 것 같은 생후 1년 동안 기본 생활습관이 형성되며 아기의 성장 발달에 필요한 것들을 배우는 매우 중요한 시기이다. 그런데 이 시기에 제대로 돌봄을 받지 못하거나 잘못된 양육 환경으로 인한 손상은 이후에 좋은 환경을 제공해도 최적기에 습득한 것과 동일한 효과를 얻기가 어렵다.

✳ 강요뿐 아니라 방임도 아이의 뇌 성장을 제한한다

네 살 때 '즐거운 집'에 온 아이가 있다. 그때까지 완전방임 된 아동이었기 때문에 기본 생활습관이 전혀 되어 있지 않았다. 집 안과 밖을 구별하지 않고 맨발로 나갔다가 그냥 들어오고, 자기가 좋아하는 음식이 나오면 두 손으로 움켜다 허겁지겁 먹었다. 그동안 제대로 못 먹어서 그런 것이 아닐까 싶어 충분히 먹을 수 있도록 더 줄 테니까 수저와 포크를 사용해 천천히 먹으라고 가르치고 또 가르쳤지만 5학년이 된 지금도 무의식적으로 손이 먼저 간다.

때로는 김치전은 손으로 먹어야 제맛이라고 하면서 뜨거운 김치전을 호호 불며 손으로 찢어 먹는다. 다른 사람에게 불쾌감을 줄 수도 있고 손을 잘 씻는다고 해도 손에 있는 세균이 음식과 함께 몸속으로 들어가면 해로울 수 있으니 젓가락을 이용하라고 하지만 그때뿐이다. 성장하면서 의식적으로 노력하지 않으면 순간

순간 무의식적으로 그런 습관이 튀어나오게 될 것이다.

이런 습관뿐만 아니라 영유아기 식습관이나 생활습관이 건강과 직결되기도 한다. 한 기관에 입소한 아기는 엄마가 한 번도 안아 주지 않고 누워만 있어서 두상이 완전한 비대칭으로 심각해 보였다. 다행히 시설장이 복지재단의 후원을 받아 대학병원에서 진료를 받고 헬멧을 씌워 교정을 시작하여 지금은 어느 정도 회복되어 밝고 건강하게 성장하고 있다.

또 다른 아이는 올해 초등학교에 입학하는 이이인데 키가 100명 중 첫 번째이고 고지혈증이 있다. 매일 라면을 먹었다는 아이는 지금도 라면을 먹고 싶어 한다. 인지발달도 마찬가지다. 조기교육이 중요하다고 의도적으로 계획된 프로그램에 의해 강요되는 교육도 아이의 뇌를 정지시키지만, 자극이 전혀 없는 방임 또한 아이의 뇌 성장을 제한하기는 마찬가지다.

후자에 속한 여섯 살 아이가 '즐거운 집'에 왔다. 자다가 이불에 오줌을 싸는 것은 기본이고 모든 욕구를 악을 쓰며 우는 것으로 표현하며 자기 이름이 쓰인 글씨도 몰랐다. 초등학교에 입학하기 전에 한글을 가르치기 위해 밤마다 아이에게 재미있는 동화책을 읽어 주고 통 글자를 가지고 놀이를 하며 글자와 친해지도록 하는데 도무지 흡수되지 않았다. 내가 벽하고 이야기하는 것은 아니냐는 생각을 할 정도로 아무 반응이 없어서 한글을 가르칠 수 있을까 하는 생각을 수도 없이 반복했다.

다행히 2년 동안 지속해서 세심한 관심을 기울이며 가르친 결과, 한글을 익히고 성장하면서 유머 있고 창의성이 뛰어난 아이가 되었다. 이 아이의 경우 뇌에 이상이 있었던 것이 아니고 방임으로 인하여 인지적 자극을 받지 못했고 어린이집에서는 왕따를 당하며 늘 혼자 지내다 보니 언어를 통한 사회성이 발달하지 않아 모든 욕구를 울음으로 표현한 것이다.

✻ 영유아기, 아이와 좋은 관계를 만드는 가장 귀한 시간

아이를 위탁해 키우면서 내 아이에게는 이렇게 하지 못했다는 죄책감에 짓눌리는 괴로움이 나를 힘들게 했다. 내 아이를 낳아 키울 때는 가난에서 벗어나기 위해 몸 안 사리고 일하던 때라 아이의 말과 감정에 귀 기울여 주지 못했다. '빨리빨리'라는 말을 입에 달고 살고, 내가 이렇게 열심히 일하는 것은 아이들이 행복하게 살게 하기 위해서라고 생각했다. 그런데 아이들을 위탁해 키우면서 내가 얼마나 많은 것들을 놓치고 살았는지 알게 되었다.

아이와 좋은 관계를 유지하는 것이 무엇보다 중요하며 좋은 관계는 아이의 생각과 감정을 알아야 가능한데, 나는 아이의 생각과 감정을 알지 못했다. 내 시간과 내 감정에 아이들이 따라 주기를 원했고 또 그렇게 강요했다. 성인이 된 지금, 아이들은 이미 내 곁을 떠나 있다.

아이들과 조금 더 살가운 시간을 보내지 못한 아쉬움에 많은 시간 눈물로 후회하고 나서 아이들에게 함께해 주지 못한 지난 시간을 사과했다. 아이들은 "그때는 그럴 수밖에 없었잖아요."라고 이해는 해 주었지만 다정다감한 모녀를 볼 때마다 가슴이 아프다. 지금까지 한 번도 딸과 함께 목욕탕에 가 보지 못했고 다정다감한 시간을 보내지 못한 나의 어리석음 앞에 고개 숙이게 된다.

영유아기는 인생에서 부모가 아이와 제일 살가운 시간을 보낼 수 있는 최고의 적기다. 이 시간이 지나면 다시는 돌아오지 않는다. 나와 같이 두고두고 후회하는 일이 없도록 매일 먹고 자고 배설하는 것이 전부인 것 같은 영유아기가, 아이와 좋은 관계를 만드는 가장 귀한 시간이라는 것을 꼭 기억하기 바라는 마음이다.

아이는 놀이를 통해
배운다

아동 발달 이론에 따르면 영유아를 위한 교육은 '연령상으로, 개인적으로, 문화적으로' 적합해야 한다. 여기서 '연령상으로'는 나이에 따라 수준별 교육을 시행해야 한다는 뜻이 아니라, 영유아기 아이들의 교육은 청소년이나 성인의 교육과 다른 방법으로 접근해야 한다는 의미다.

하지만 많은 부모는 특정 시기에 꼭 시켜야 하는 교육이 있다고 믿으며, 아이의 습득 능력이 좋은 영·유아기부터 가르치면 훨씬 더 효과적일 것이라고 생각한다. 이러한 이유로 갓 태어난 신생아 때부터 다양한 교구를 구매해 학습시키기도 한다.

❀ 똑같은 발달 양상을 보이는 아이는 없다

하지만 적기란 보편적으로 존재하는 어떤 시기를 따르는 게 아니라, 아이 개개인에게 맞는 '적기'를 찾는 것이 바람직하다. 내 아이의 적기를 찾는 것은 아이의 말과 행동을 세심히 살펴 무엇이 우리 아이의 장점이고, 무엇이 보완해야 할 부분인지를 알아내는 일이다. 이때 단점을 찾아내 극복하기보다는 장점을 찾아 거기에 집중하는 것이 더 중요하다. 잘하는 것을 더욱 잘하도록 하다 보면 자연스럽게 단점이 보완되어 따라온다.

모든 것을 잘할 수는 없고, 다 잘할 필요도 없다. 지금 아이가 좋아하는 것, 즐거워하는 것을 발견하고 여기서부터 세상과의 연결 고리를 찾아 주는 것이 진정한 '적기 교육'이라고 할 수 있다. 모든 교육은 아이의 관심사에서 출발하기 때문에 개월 수나 나이는 크게 중요하지 않다.

외국어 조기교육의 경우도 마찬가지. 일찍 시작한 아이들의 능력을 보면 놀랍고 부러울 수 있지만, 외국어를 자연스럽게 배울 환경이 조성됐을 때의 이야기이고 무리한 암기나 억지로 환경을 만들어 주는 것은 아이에게 부정적인 영향을 끼칠 우려가 있다. 오히려 모국어로 편안하게 이루어지는 활발한 언어 경험이 충분히 선행되지 않으면 유창한 외국어 실력을 갖추기 위해 모국어 경험을 놓치게 되어 더 큰 부작용을 가져올 수 있다고 전문가들은 우려를 표한다.

똑같은 발달 양상을 보이는 아이는 없다. 아이마다 어떤 영역은 조금 빠르고 어떤 영역은 조금 더디다. 부모의 역할은 일상생활이나 놀이를 하면서 아이가 보이는 말과 행동적 특성에서 성장

발달의 증거를 찾아내 응원해 주는 것이다.

❊ 놀이를 통한 교육이 가장 효과적이다

전문가들은 영·유아기에는 세상과 직접적인 상호작용을 통한 능동적인 배움이 가장 적합하다고 말한다. 그중에서도 놀이를 통한 교육이 가장 효과적이다. 놀이가 곧 배움이라는 말은 아이들의 놀이를 학습지화하거나 프로그램화하라는 뜻은 아니며, 놀이 안에서 발휘되는 자발성의 힘을 믿고 지켜보고 지원해 주는 걸 의미한다. 이때의 놀이는 아이들이 원해서 능동적으로 기획하고 통제하는 활동을 말한다. 부모의 지시나 간섭이 없어야 하고, 제품화된 아이템에 의존하거나 다른 사람들에 의해 규칙이 부여된다면 놀이는 순기능을 발휘하지 못한다.

큰아이와 작은아이가 무리해서 한글 교육을 시키지 않았음에도 불구하고 네 살, 다섯 살에 한글을 완전히 떼고 책을 줄줄 읽어서 '즐거운 집'에 오는 아이들도 자연스럽게 한글을 익힐 수 있다고 생각했다. 그것은 내 생각이었다.

2013년 여섯 살 된 아이가 동생과 함께 입소 절차를 밟아 들어왔다. 그런데 형이 자폐아가 아닌가 생각할 정도로 퇴행이 심각했다. 자기 이름을 써 놓은 글씨도 구별을 못 하고 자기가 좋아하는 색깔 이름도 몰랐다. "네 이름은 이현우지. 네가 좋아하는 이

색깔의 이름은 빨간색이야. 이 색깔 이름이 뭐라고?" 아이는 금방 알려 준 색깔 이름도 기억하지 못했다.

잠자는 아이의 뇌를 깨우기 위해 날마다 조금씩 자극을 주기 시작했다. 아이는 책을 펴고 책상 앞에만 앉으면 최면에 걸린 듯 졸았다. 그래서 앉지 않고 서서 책을 읽어 주기도 하고 글자 카드를 들고 밖에 나가 돗자리를 깔고 앉아서 카드를 넘기며 글자를 따라 읽도록 했다. 전혀 흡수되지 않고 튕겨 나오는 것이 벽하고 얘기하는 것 같아 순간순간 포기하고 싶은 생각이 나를 사로잡았다.

꼬박 2년을 한 아이에게 집중해서 책을 읽어 주고 카드놀이를 하며 글자와 친해지도록 했다. 아이는 조금씩 글자에 관심을 보이고 읽어 주는 동화의 내용을 기억하며 재미있어 하기 시작했다. 그렇게 겨우 한글을 떼고 1학년에 입학한 현우는 학년이 올라가면서 유머러스하여 친구들에게 인기가 좋아 반장도 하며 학교 생활을 잘하고 있다.

요즈음은 학교에 입학하기 전에 한글을 깨우치는 것이 일반적이다. 부모가 교육에 관심이 없거나 방임하는 경우가 아니면 대부분이 한글을 익히고 학교에 입학하다 보니 1학년 때 형식적으로 한글 지도 과정을 거치고 바로 받아쓰기를 한다. 한글을 익히지 못하고 입학한 아이들은 따라가기가 힘들고 어려움을 겪게 된다.

그런 아이들도 학년이 올라가면서 자연스럽게 자기 학년의 학습 과정을 잘 따라가고 오히려 앞서가는 경우가 많다. 그런데도 내 아이가 한글을 익히지 못하고 학교에 입학하게 되면 엄마는 마음이 조급해진다.

❋ 유아기에는 놀이가 최고의 교육 현장이다

현우의 경우 유아기에 책을 읽어 주거나 책과 친해질 수 있는 시간이 없어서 한글 습득이 늦은 것이 아닐까 생각하고 태어난지 얼마되지 않아 나에게 온 소리에게는 갓난아기 때부터 동화책을 읽어 주고 기저귀를 갈아 주면서도 끊임없이 지금 엄마가 무엇을 하고 있으며 느낌은 어떤지를 이야기해 주었다.

"소리가 응가를 해서 엄마가 지금 기저귀를 갈아 주려고 하는데 소리가 도와줄래?"

"이렇게 다리를 들고 조금만 참아. 그렇지. 그러면 엄마가 이렇게 젖은 기저귀를 빼고 뽀송뽀송한 기저귀로 바꾸어 주는 거야."

"잘 참아 줘서 고마워. 어때? 뽀송뽀송한 기저귀를 하니까 기분이 상쾌하지 않니?"

그래서일까, 소리의 어휘력을 상상을 초월하고 상황에 따른 적절한 표현은 선생님들을 깜짝깜짝 놀라게 한다. 그런 소리가 글자를 익히는 것에는 관심이 없다. 동화책을 읽어 주면 듣는 것도 좋아하고 스토리도 잘 기억하며 등장인물들의 성격까지 잘 파악

한다. 그뿐만 아니라 이야기 내용과 그림의 내용이 다르게 표현된 경우 왜 그런지 질문을 해서 나를 놀라게 한다.

예를 들면 『라푼젤』이라는 동화 끝부분에 라푼젤과 눈이 먼 왕자가 만나는데 그때 '라푼젤의 눈물방울이 왕자의 눈에 똑똑 떨어지자 왕자가 두 눈을 번쩍 떴어요.'라는 구절이 나온다. 그런데 그림에는 왕자의 키가 라푼젤의 키보다 크게 그려져 있다. 이것을 보고 다섯 살 소리가 "왕자가 라푼젤보다 키가 큰데 어떻게 라푼젤의 눈물방울이 왕자의 눈에 떨어졌어요?"라고 물어서 깜짝 놀랐다.

그런 소리가 글자에는 관심이 없다. 한글을 배워 자기가 좋아하는 책을 스스로 읽었으면 좋겠는데 도무지 알려고 하지도 않고 가르쳐 주려고 해도 배우려고도 하지 않는다. 몇 번은 억지로 한글 카드놀이를 해 보다가 그다지 효과가 없음에 포기하고 소리가 궁금해할 때 가르쳐 주기로 했다. 반면 숫자에는 관심이 많아 서수와 아라비아숫자의 매칭도 잘하고 하나씩 세어 보지 않고도 금방 몇 개인지 알았다.

또 놀잇감도 다양하게 변신 가능한 것을 좋아한다. 1,000원 주고 산 아이클레이를 가지고 이것도 만들고 저것도 만들었다 다시 합체하면서 며칠을 가지고 노는데, 비싼 장난감도 정형화되어 있는 것은 하루 가지고 놀면 정리함에 들어간다. 소리가 몇 년째 가지고 노는 가장 좋아하는 장난감은 자석 블록이다. 그중에서도 정사각형으로 된 자석 블록을 좋아하는데 단순한 정사각형을 가지고 저렇게 다양한 모양을 만들 수도 있구나 싶을 정도로 정말 다양한 모양을 만들어 놓고 승리한 사람의 포즈를 취한다.

❋ 만 5세까지의 경험이 성격 형성에 결정적 영향을 미친다

자석 블록을 3년째 가지고 놀다 보니 요즈음에는 신경 써서 특별한 모양을 만들고 자랑스러워하는데, 금방 와르르 무너지는 경우가 있다. 왜 무너지는 거냐고 펄쩍펄쩍 뛰면서 울고 슬퍼하는 아이를 보며 우리가 하는 일들은 언제든지 무너질 수 있는 유한한 것임을 몸으로 경험하는 것 같아 기분이 좋았다.

아이에게는 그런 내 감정을 감추고 "정말 속상하겠다. 소리가 슬퍼하니까 엄마도 슬프다." 하며 꼭 안아 주고 "엄마가 도와줄 테니까 다시 한 번 만들어 볼까?" 하고 달랜다. 소리는 울음을 그치고 자기가 힘들게 만들었는데 무너져서 속상했다고 하면서도 다시 만들기 시작한다.

아이들은 아무리 속상해도 자기 마음을 알아주면 금방 진정이 된다. 이성적으로 따져서 아이에게 이해시키려고 해서는 안 되고, 그 순간 아이의 마음이 어떨까에 집중하여 아이의 마음을 인정해 주어야 한다. 그다음에 아이에게 그럴 때 이렇게 해 주면 좋겠다고 부탁을 하면 아이들은 고개를 끄덕이며 알아듣고 그렇게 하려고 하는 것을 보게 된다.

정신분석학자 프로이트는 태어나서 만 5세까지의 경험이 성격 형성에 결정적 영향을 미친다고 말한다. 이때는 모든 것을 놀이를 통해 배운다. 눈, 코, 입 손 등 모든 감각이 민감하게 반응하며 감성과 이성이 자라고 지혜가 자란다. 유아기에는 놀이가 최고의 교육 현장임을 잊지 말아야 할 일이다.

'왜'라고 묻고
'어떻게'를 생각하는 아이가 성공한다

한 해가 시작되는가 했더니 벌써 12월의 첫날이다. 2017년 마지막 날, 아이들과 2018년에 함께하고 싶은 것들을 적어 자기 이름이 붙어 있는 작은 통에 넣어 보관했었다. 그리고 오늘 함께 그 통을 개봉해서 하고 싶었던 일들이 얼마나 이루어졌는지 확인하는 시간을 마련하였다. 나 또한 올해 하려고 했던 일을 확인해 보았다. '뱃살 3kg 빼기'는 몇 년째 제자리걸음이고 책 쓰기는 시작은 했지만, 초고조차 완성하지 못했다.

남편의 백내장 수술과 망막이 손상을 입는 사고에 이어 발과 엉덩이에 깊은 2도 화상을 입는 사고는 모든 것의 우선순위를 바꾸어 놓았다. 엎친 데 덮친 격으로 선생님이 교통사고로 요추 1번이 골절되어 꼼짝 마라 3개월을 진단받으며 선생님이 하는 일까지 하다 보니 글을 쓸 에너지도 시간도 고갈되었다.

✳ 목적 없는 목표는 공허를 부른다

이런 일들을 나만이 겪는 일은 아니다. 해마다 목표를 세우고 꿈을 꾸지만 크고 작은 일들로 인하여 작심삼일이 되기도 하고 언제 그런 꿈을 꾸었나 싶을 정도로 까마득히 잊어버리기도 한다. 여러 가지 원인이 있겠지만 근본적으로는 목표는 있으나 왜 그 일을 하려고 하는가에 대한 답이 없고 어떻게 그 일을 할 것인가에 대한 구체적인 계획이 없기 때문이다. 'why'는 다른 말로 목적이라고 할 수 있다. 목표만 있고 목적이 없으면 그 일을 이루었을 때 공허가 찾아온다.

우리나라에서는 서울대학교 하면 최고의 대학으로 꼽는다. 서울대학교에 입학했다는 것만으로도 주변의 부러움을 한 몸에 받고 그 아이를 키운 부모 또한 어깨에 힘을 주게 된다. 그러다 보니 공부를 잘하는 아이들이 모이는 고등학교 3학년 교실에서는 옆자리의 친구도 친구가 아닌 경쟁자이고, 중간고사에서 평균 90점이 넘는 학생이 평균 1점 하락했다고 눈이 퉁퉁 붓도록 울기도 한다. 이렇게 공부한 아이들이 서울대학교에 입학하기만 하면 행복은 저절로 주어지는 것일까?

2018년 11월 30일 매일경제신문은 '2018 서울대학교 학생복지 현황 및 발전방안 최종보고서'에 따르면 서울대 평의원회 연구팀이 서울대 재학생들을 대상으로 지난 6월 18일부터 7월 15일까지 '불안 및 우울 정도'에 대해 설문을 시행한 결과 응답자 1,760명

중 818명(46.5%)이 우울증을 앓고 있는 것으로 나타난 것으로 보도하고 있다. 서울대 재학생들이 2명 중 1명꼴로 우울증을 겪고 있다는 충격적인 연구 결과가 나온 것이다.

서울대학교 학생이라면 취업 준비에 스펙은 물론 최고 대학이란 자부심까지 더해져 만사 걱정 없을 것 같은데 전혀 그렇지 않다. 고등학교 때까지 공부 잘하는 학생으로 인정받고 존중받았는데, 공부를 잘하는 학생들이 모여 있다 보니 다른 학생들보다 조금 못하다는 것을 받아들이기가 힘들다. 그런 학업 스트레스로 자해를 하거나 자살 충동을 느끼기도 하며 심지어 학교를 자퇴하는 학생도 있다.

이는 비단 서울대학교 학생들만의 문제는 아니다. 대학교에 들어가고 성인이 되었으니 이제는 네가 알아서 했으면 좋겠다는 부모의 태도와 학업 성적, 그리고 졸업 후 취업까지 해결해야 할 일이 한두 가지가 아니다. 지금까지 어떤 일을 스스로 생각하고 결정하여 실행하고 결과를 책임지는 삶을 살아 보지 않았는데 혼자서 하라니 앞이 캄캄한 것은 당연한 일이다.

✽ WHY와 HOW에 대한 답이 있을 때 행복한 성공을 이룬다

사회복지시설을 운영하다 보니 가끔 중·고등학생에게 자원봉사를 할 수 있느냐는 전화를 받는다. 대부분 학생이 직접 전화를 하지만 어떤 경우에는 엄마가 전화해서 아이의 자원봉사에 관하여 묻는다. 그러면 학생이 직접 전화하도록 하라고 정중히 부탁드린다.

2년 전에는 안성에서 공부 잘하는 학생들이 가는 ㅊ 고등학교 여학생 두 명과 공부 못하는 아이들이 간다는 외곽의 ㅈ 고등학교 교육동아리 학생 8명이 격주로 돌아가며 2년 정도 봉사를 했다. 주로 초등학교 아이들과 함께 놀거나 집 주변의 잡초를 뽑는 일을 했는데 ㅈ 고등학교 학생들은 네 명씩 조를 짜서 봉사 날짜를 정하고 서로 연락해서 대중교통을 이용하는 데 반해 ㅊ 고등학교 학생들은 아빠가 우리 집 마당까지 차로 태워다 주고 태워 갔다.

그래서 봉사는 학교에서 점수를 받기 위해 시간을 채우는 일이 아니고 누군가 다른 사람을 위해서 내 능력과 에너지를 시간을 들여 제공하는 것이기 때문에 또 다른 누군가의 도움을 받는 것은 바람직하지 않다고 말하고 그다음 주부터 대중교통을 이용해서 오도록 했다.

그런데 우리 집에서 창문 밖으로 보이는 종합터미널 건물을 보며 터미널에서 내려 어떻게 걸어오는지 설명해 주었음에도 불구하고 오기로 약속한 시각이 20분이나 지나서 길을 못 찾겠다고 전화가 왔다. 지금 있는 곳에서 보이는 것들에 대하여 말해 보라고 했더니 전혀 엉뚱한 방향에 가 있어서 결국 차로 태워 왔다.

ㅊ 고등학교 학생들은 자원봉사를 하는 목적이 학교 점수 받는 것에 있었기 때문에 아이들과 어떻게 놀아야 할까를 고민하지 않았다. 무엇보다도 스스로가 놀이를 즐기기보다는 학교 공부만을 해 왔기 때문에 노는 방법을 몰랐다. 그러다 보니 아이들과 즐겁게 놀지 못하고 시간 채우기에 급급했다.

반면에 ㅈ 고등학교 학생들은 비록 중학교 때 공부를 못했지만, 고등학교에 입학하면서 교육동아리를 통해 할 수 있다는 자신감을 회복하여 아이들과 어떤 놀이를 통해 무엇을 가르칠까 고민했다. 중학교 때 친구들과 어울려 노는 즐거움을 경험했던 학생들은 아이들과의 놀이도 즐겁고 재미있게 이끌어 갔다. 아이들에게는 놀이를 통한 규칙을 가르치고 스스로는 그런 경험을 통해 리더십을 배워 인정받는 교사가 되기 위해 자원봉사 시간과 상관없이 계속해서 봉사를 하겠다고 했다.

요즈음은 직원을 채용할 때 스펙보다는 자기소개서를 통해 어떤 가치관을 가지고 무슨 경험을 했으며 다른 사람과 관계 맺기를 잘 할 수 있는가를 본다. 내가 학교에 다닐 때만 해도 선생님 말씀 잘 듣고 공부 잘하는 아이들이 인정받고 좋은 직장에 취직하기가 쉬웠지만, 지금은 오직 공부만 해서 학교 성적이 좋은 아이들의 설 자리가 없다. 단순 지식은 사람보다 인공지능이 훨씬 탁월하기 때문이다.

목표는 WHY와 HOW에 대한 답이 있을 때 행복한 성공을 이루게 된다.

가치관 형성도
타이밍이 중요하다

　부와 명예와 권력은 하루아침에 날아갈 수 있는 모래 위의 집과 같다. 그러나 가치관은 평생 나와 함께하며 나아갈 방향을 결정할 때 나침판과 같은 역할을 하며 귀한 보석과 같이 품위를 유지하게 한다. 이토록 귀하고 소중한 가치관을 형성하는 데 관심을 두는 부모는 그다지 많지 않다.

　가치관이란 옳은 것, 바람직한 것, 해야 할 것 또는 하지 말아야 할 것 등에 관한 자기의 생각을 말한다. 다른 사람을 의식한 생각이 아닌 자기만의 논리가 있는 생각을 표현하고 또 삶에 적용할 수 있어야 한다. 그러기 위해서는 어려서부터 다양한 경험과 함께 책을 많이 읽어야 한다.

✿ 가치관 형성을 위한 심층 독서

단순히 재미로 읽는 것이 아닌 분석하고 생각하는 심층 독서와 함께 부모와의 토론을 통해 올바른 가치관을 형성하도록 도와야 한다. 그런데 부모도 깊이 생각하는 철학을 공부해 본 적이 없고 심층 독서에 대하여 배운 적도 없다 보니 책을 읽지 않을 뿐만 아니라 자기가 어떤 가치관을 가지고 사는지도 모르는 경우가 많다.

'4차 혁명 진로 모임'의 이승훈 대표는 심층 독서를 강조한다. 아이가 공부를 아주 완벽히 잘하지 않으면 중·고등학교를 보내지 말고 교보문고로 보내 책을 읽도록 하는 것이 시간을 버는 것이고 미래에 행복하게 살아갈 수 있도록 준비하는 것이라고 한다. 심지어 지금은 CPU가 아니라 GPU 시대이기 때문에 현행 공교육 (중·고·대)에는 답이 없다고 말하며 고정관념에 사로잡힌 엄마들을 깨우고 있다. 이승훈 대표가 말하는 심층 독서란 다음과 같다.

1단계 : 지식에서 체계적인 스키마(생각의 틀) 만들기

2단계 : 이종 교배 또는 삼종 교배와 내 삶에 적용하기
책 내용을 가지고 내 삶의 영역으로 끌고 들어가서 내가 하는 일과 생활에 적용하는 단계로 여기서부터 독서가 힘을 발휘한다.

3단계 : 다른 세계와 연결하기
독서가 돈으로 변하는 단계로 여기에는 반드시 여행 또는 다른 장소가 결합이 이루어져야 한다고 강조한다.

여기에서 가치관 형성은 1단계에 해당하고 2, 3단계는 융합과 연결된다. 먼저 체계적인 생각의 틀을 만들지 않으면 2, 3단계는 불가능하다. 다양한 책을 읽고 자기만의 생각의 틀을 만들고 확장해 나갈 때 내 삶과 연결하고 그것을 돈 버는 일로 만들 수 있는 것이다.

❀ 독서와 함께 키우는 비판적 사고

8년 동안 부모에게 돌봄을 받지 못하는 아이를 위탁해 키우다 지난 2009년 조금 더 많은 아이에게 내가 보고 듣고 배운 것들을 나누어 주고 싶어 '아동 청소년 그룹홈'을 개원했다. 부모의 관심과 사랑을 받지 못하고 방임되거나 폭력으로 상처받은 아이들에게 엄마가 되어 돌보고 가르치는 일을 하는 것이다. 갓난아기부터 중학생이 되어 오는 아이까지 이곳에 오는 연령대도 다양하다.

중학생이 되어 오는 아이들에게 책을 읽고 생각하는 훈련을 하기는 쉽지 않다. 왜 책을 읽어야 하는지도 모르고 책을 읽어도 책이 던지는 메시지를 찾지 못한다. 나는 그런 아이들에게 책 읽기를 강조하고 책을 읽어야 용돈을 줄 뿐만 아니라 삶 속에서 다른 사람이 하니까 아무 생각 없이 따라 하는 것이 아니라, 내가 왜 그 일을 하는가에 대한 논리를 가지고 하도록 가르친다.

예를 들면 형이 냉장고에서 아이스크림을 꺼내 먹는 것을 본 아이는 나도 아이스크림을 먹겠다고 한다. 그러면 나는 아이스크림을 주지 않는다. 형과 상관없이 "엄마, 저 아이스크림 먹고 싶은데 먹어도 될까요?"라고 말하도록 가르친다.

아이들은 형이 하는 것을 그대로 따라 하려는 경향이 있어 형과 똑같은 아이스크림을 먹기 원한다. 같은 아이스크림이 여러 개 있을 때는 줄 수도 있지만 없을 때는 다른 것을 주어야 한다. 그러면 아이는 같은 아이스크림을 먹겠다고 떼를 쓴다. 이런 경우 너는 누구냐고 묻는다. 아이는 의아해하며 자기 이름을 말하게 된다.

그때 "형과 너는 달라. 언제나 형이 하는 것을 그대로 따라 하면 너는 형의 그림자야. 그러면 이름도 형하고 똑같은 이름으로 바꾸고 옷도 똑같이 입고 말하고 행동하는 것도 똑같이 해야 하거든. 오늘부터 네 이름을 바꿀까?" 한다. 그러면 아이들도 자존심이 있어 떼쓰기를 멈추고 다른 아이스크림을 먹는다.

우리 아이들에게 이승훈 대표가 말하는 수준의 책 읽기를 하도록 하는 것은 굉장히 어려워 보인다. 책보다 재미있는 스마트폰이나 컴퓨터가 아이들을 유혹하기 때문에 일반 가정에서도 쉽지 않은데, 방임으로 시기를 놓쳐 버린 아이들에게 책을 읽게 만들기란 절대 쉽지 않다. 그렇다고 시도조차 하지 않고 안 된다고 말하는 것은 직무 유기라는 생각이 들어 시도하고 또 시도한다. 그래도 두세 살에 온 아이들은 잠자기 전 엄마가 읽어 주었던 동화책이 재미있었다고 추억하며 책을 좋아하여 즐겨 읽는 것을 본다.

책을 즐겨 읽는다고 해서 가치관이 완성되는 것은 아니다. 책을 읽고 그 책에서 말하는 내용을 비판직 사고를 가지고 생각해 보아야 한다. 그렇지 않으면 책을 통해 단순한 지식을 습득하고 그렇게 습득한 지식으로 다른 사람을 무시하거나 자기 자랑을 하기 쉽다. 아이들에게 자기 책상을 정리하라거나 주변 정리를 하라고 하면 책을 읽고 있는 중이라고 말한다. 내가 책 읽는 것을 중요하게 생각하는 것을 알고 그렇게 말하는 것이다.

나는 그런 아이에게 '자기 할 일을 하지 않고 비판적 사고 없이 습득한 지식은 쓰레기만도 못하다. 왜냐하면, 그렇게 습득한 지식으로 다른 사람을 무시하거나 공격하지 않으면 자기 교만에 빠지기 때문이야.'라고 강력하게 이야기한다. 책을 읽고 깊이 생각하여 옳고 그름을 판단하고 그것을 내 삶에 적용할 수 있을 때 책을 제대로 읽은 것이다.

❋ 돈보다 올바른 가치관을 물려줘야 할 때

요즈음에는 부모가 경제 능력이 없으면 자녀들이 살아가기 힘든 세상이다. 그러다 보니 부자들은 여러 가지 방법을 통해 부를 자녀들에게 물려주려고 한다. 부모는 자녀가 행복하게 살기를 바라는 마음으로 재산을 물려주지만, 자녀에게 올바른 가치관이 없으면 아무리 많은 재산을 물려받아도 하루아침에 사라질 수 있는 것이 돈이다.

개인이 가지고 있는 가치관은 어떻게 행동하는 것이 개인적으로나 사회적으로 더 바람직한가에 대하여 장기적으로 지속하는 믿음이라고 할 수 있는데, 로봇에게는 이런 가치관이 없다. 내 아이가 로봇과의 일자리 경쟁에서 살아남기 위해서는 로봇에게는 없는 올바른 가치관 형성이 필수 조건이다.

부모가 어떤 가치관을 가지고 살아가느냐에 따라 자녀에게 미치는 영향이 크다. 부모님들이 자녀에게 특정 직업을 권할 때도 부모님의 가치관이 많이 개입되기 때문이다. 가령 요즈음 선호하는 공무원이나 교사를 권한다면 안정이라는 가치관이 중요하게 작용한다고 볼 수 있다. 하지만 로봇 시대에는 부모의 가치관이 자녀를 잘못된 길로 안내할 수 있다.

'남이 장에 가니까 씨오쟁이 지고 따라간다.'는 우리나라 속담이 있다. 자기 주견이 없이 남이 하니까 덩달아 따라 하는 것을 비유적으로 이르는 말이다. 머리 스타일부터 옷 입는 것까지 친구들과 같지 않으면 왠지 불안해서 따라 하는 아이들, 그것을 유행이라고 말하며 당연하게 생각하지는 않는지 생각해 볼 일이다.

다섯 번째 기술

가정의 문화가
아이의 미래를 결정한다

아이는 부모의 뒷모습을 보고 자란다. 집에서 접하는 것들이 무의식적으로 내면에 입력되어 자기도 모르게 출력되기 때문에 가정의 문화는 대단히 중요하다. 우리 집의 문화를 점검해 보는 것이 필요한 시점이다.

가정의 문화가
아이의 미래를 결정한다

한 사회나 집단이 가지고 있는 독특한 생활방식을 우리는 문화라고 한다. 한 아이가 태어나면 그 사회나 집단의 구성원으로서 생각하고 말하고 행동하는 것을 배워 나가는데, 내가 의식하거나 의식하지 않거나 상관없이 집단의 생활방식을 모방하게 되고 그것이 습관이 되어 아이의 의식을 고착화한다. 한 아이의 모든 것이 결정되는 가장 작은 집단이 가정이라고 할 수 있는 것이다. 어느 가정이나 그 가정만이 가지는 독특한 문화가 있고 그런 문화가 아이의 미래를 결정한다고 해도 과언이 아니다.

✳ 어릴 때의 기억은 성인이 되어서도 따라다닌다

가난한 농부의 둘째 딸로 태어나 칠 남매가 한방에서 생활하며 성장했는데, 바로 옆집에 사는 친구네 집은 대문을 열고 들어가면 넓은 마당이 있고 마당 오른쪽으로는 머슴이 사는 집이 있었다. 마당을 가로질러 가면 잘 가꾸어진 화단에 이름 모를 화초들이 사시사철 꽃을 피우고 대청마루는 정갈하게 정돈되어 있어 조심스러웠다.

친구네 집에 가면 언제나 몸이 움츠러들고 조심스러웠지만, 집에서는 보지 못하는 바둑판과 칠판 그리고 오빠들이 사용하는 각종 악기와 운동기구들이 신기해서 가끔 놀러 가는 것을 좋아했다. 친구와 함께 숙제할 때 친구의 오빠는 나의 연필 잡는 것부터 공부하는 태도를 지적했고 나는 지적받지 않으려고 안간힘을 썼다.

우리 집과 친구네 집은 달라도 너무 달라 알 수 없는 불편함이 있었다. 보릿고개라는 말이 현실이던 1960년대에 우리 집은 가을에 캐서 들여놓은 고구마가 한겨울을 나기 전에 떨어졌고 늦은 봄까지 아름드리 고구마 둥지에 반들반들한 고구마가 가득한 친구의 집을 부러워했다. 친구네 집과 우리 집은 담 하나를 사이에 두고 있었지만 말하고 먹고 입고 누리는 문화가 너무나 달랐다.

어릴 때의 기억은 성인이 되어서도 나를 따라다녔다. 넓고 잘 정돈된 집에 들어가면 왠지 조심스럽고 혹시 옷에 먼지라도 묻지 않았는지 살펴보게 된다.

❀ 가정의 문화와 아이의 미래

가정의 문화에는 주거문화, 언어문화, 식생활 문화, 놀이문화가 있다. 먼저 우리나라의 주거문화는 안채, 사랑채, 대청마루로 구성되는 전통가옥에서 서양식 주택, 아파트, 빌라 등으로 변해왔고 난방을 하는 방법도 아궁이에 불을 지펴서 하는 방법에서 등유를 이용한 기름보일러, 가스를 이용한 가스보일러, 심야 전기를 이용한 보일러, 전기 패널이나 필름을 이용한 보일러까지 그 종류도 다양하다. 몇 십 층이나 되는 고층 아파트에 사는 사람이 있다면 자연을 몸으로 경험할 수 있는 전원주택에서 사는 사람도 있다.

사는 곳에 따라 경험할 수 있는 생활문화가 달라지기 때문에 어떤 부모는 아이 교육을 위해 도시로 이사를 하고 또 다른 누군가는 반대로 시골로 이사를 한다. 도시로 이사하는 사람은 교육환경이 좋은 곳을 찾아갔고 시골로 이사하는 사람은 아이들이 자연을 경험하며 성장하는 것이 바람직하다고 판단했기 때문일 것이다. 아이를 키우는 데 정답은 없다. 그러나 어디에서 어떤 경험을 하며 성장했느냐에 따라 아이의 미래가 달라지는 것은 분명한 사실이다.

어디에 사는가도 중요하지만, 누구와 사는가는 더욱 중요하다. 여기에서 누구는 부모가 될 수도 있고 부모가 아닌 다른 사람이 될 수도 있다. 일반적인 가정에서 성장하는 아이가 있는가 하면

조부모와 함께 사는 아이, 한 부모와 함께 사는 아이, 다문화 가정에서 성장하는 아이, 위탁가정에서 성장하는 아이, 공동생활가정에서 성장하는 아이 등 참으로 다양한 형태의 가정에서 다양한 사람들의 보호를 받으며 성장하고 있다.

❀ 가정은 아이가 성장하는 인큐베이터와 같다

모든 발달이 수직으로 이루어지는 영유아기는 무엇보다 언어 발달이 가장 활발하게 이루어지는 시기이다. 특히 3~5세에 폭발적으로 발달하는데, 이때 배운 말은 쉽게 고쳐지지 않는다. 바르게 말하고 고운 언어를 사용하는 아이로 키우기 위해서는 갓난아기 때부터 올바른 언어로 아기에게 지속해서 말을 걸어 주고 옹알이에 반응해 줘야 한다. 그러므로 유아기에 누구와 사느냐에 따라 바르고 고운 말을 사용하는 어린이로 성장하기도 하고, 거친 말을 마구 쏟아 내는 아이로 성장하기도 한다.

놀이문화는 더욱 다양하다. 부모가 얼마나 경제 능력이 있느냐에 따라 골프나 승마 같은 많은 비용이 드는 놀이를 즐기는 가정이 있는가 하면, 주말마다 도서관을 찾는 가정도 있다. 반면에 여행을 자주 다니는 가정도 있고, 아이들 스스로 알아서 놀기를 바라며 지인들을 만나 술을 마시거나 노래방에 가는 것으로 놀이를 즐기는 가정도 있다.

아이들 스스로 알아서 놀기를 바라고 부모는 부모대로 놀기 바쁜 가정에서 성장한 아이는 노는 방법을 몰라 스마트폰을 붙들고 산다. 이런 아이들과 마블 게임 같은 규칙을 지키며 노는 게임을 해 보면 너무나 어려워하고 승패가 나누어졌을 때 받아들이는 것 또한 힘들어한다.

✽ 가정의 문화가 아이의 삶을 좌우한다

'문화가 의식을 결정'한다고 생각하는 문화 심리학자 김정운 교수는 '한국, 놀 줄 몰라 망할지도 모른다.'라고 말하며 일의 반대말은 여가가 아니라 나태라고 말한다. 김정운 교수는 『노는 만큼 성공한다』는 책을 통해 잘 노는 사람이 창의적이고 성공한다는 주장을 다양한 문화 심리학적 개념을 통해 자세하고 알기 쉽게 설명해 준다.

식생활 문화도 마찬가지다. 주 양육자의 식습관에 따라 가정의 식생활 문화가 형성된다. 귀찮고 힘들어도 가족의 건강을 위해 천연 조미료를 이용하여 요리하는 사람이 있는가 하면 외식을 즐기는 사람도 있다. 이 또한 어렸을 때 무엇을 주로 먹었느냐가 중요하고 그때 길든 입맛은 평생을 간다.

가정의 문화는 한 단면을 보고 말할 수 없는 것이 주거문화, 언어문화, 식생활 문화, 놀이문화가 복합적으로 작용해서 그 가정의 문화가 형성되기 때문이다. 부모의 경제 능력과 학력, 그리고 가치관에 따라 경제적으로 여유 있게 살아도 검소한 생활을 하며 봉사하는 것을 몸으로 실천하는 사람이 있는가 하면, 월세방에서 생활하지만 외제 차를 타고 술을 즐기는 사람도 있다. 부모의 이런 모습은 일부러 가르치지 않아도 고스란히 아이들에게 몸으로 전달된다.

가난한 집에서 태어났지만 공부를 잘해서 사법시험에 합격하여 사법연수원에 들어간 친구가 공부하는 것으로는 어떤 동기생보다 잘할 수 있지만, 부모를 법조인으로 둔 동기생의 카리스마는 흉내 낼 수 없다는 이야기를 하며 씁쓸해했다고 한다. 어려서부터 몸으로 배운 법조인 가정의 문화이기 때문에 머리가 좋다고 배울 수 있는 것도 아니고 흉내 낸다고 될 일도 아니다.

목사님 가정에서 목사가 나오고 선생님 가정에서 선생님이 나오며 의사 가정에서 의사가 나오는 것은 어려서부터 엄마 아빠가 하는 말이나 행동, 그리고 만나는 사람들을 보며 자란 아이들이 그 분야에 익숙해져 있어 두려움 없이 진로를 결정할 수 있게 되기 때문이다.

다른 집을 방문할 기회가 있어 가 보면 그 집의 문화를 대충은 짐작할 수 있다. 거실 중앙에 대형 텔레비전이 있는 집은 영화를 좋아하거나 텔레비전 시청을 많이 하는 집이고, 텔레비전은 없고 책장에 책이 가득 꽂혀 있는 집은 책 읽기를 즐기는 집이라고 볼 수 있다. 그런 집은 주말이나 공휴일에 아이들과 함께 도서관에 가거나 대형 서점 나들이를 자주 한다. 운동을 좋아하는 집에는 눈에 띄는 곳에 운동기구가 있고 운동 관련 사진이나 조형물이 놓여 있으며 등산을 좋아하는 집에는 등산용품이 눈에 띈다.

아이는 부모의 뒷모습을 보고 자란다. 집에서 쉽게 접하는 것들이 무의식적으로 내면에 입력되어 자기도 모르게 출력되기 때문에 가정의 문화는 대단히 중요하고 아이의 삶을 좌우한다고 해도 과언이 아니다. 나는 우리 집의 문화를 어떻게 만들어 가고 있는지 점검해 보는 것이 필요한 시점이다.

저녁이 있는 삶,
워라밸

   2012년 7월에 당시 손학규 대선 후보가 함께 사는 사회를 위한 '국민 행복 복원 프로젝트'라는 구호를 내걸고 민생경제론 『저녁이 있는 삶』을 출간했다.

   그동안 우리는 정말 열심히 일했고 산업화를 위해 헌신했으며 외환위기 때는 금을 모아 위기를 극복했다. 이제 우리는 정당하게 쉬어야 한다. 8시간 일하고 가족, 친구, 연인과 함께 행복한 시간을 가질 수 있어야 하며 특히 밤늦게까지 일해야 하는 부모를 기다리다 지쳐 잠든 아이들에게 행복한 저녁을 만들어 주어야 한다고 주장한다.

   꿈같은 이야기지만 그렇게 되기를 간절히 바랐다. 그런데 책이 출간되고 7년이 지난 지금도 많은 사람의 희망 사항으로 남아 있다. 먹고사는 데 지장 없고 취미 생활이나 자기 계발을 하기 위해서는 돈이 필요한데, 그렇게 할 수 있는 적당한 월급을 받는 직장을 구하기는 하늘의 별 따기만큼이나 어렵다. 청년실업률은 하늘

높은 줄 모르고 올라가고 어떻게든 살아 보겠다고 아르바이트로 투잡 쓰리 잡을 뛰어 보지만, 저녁이 있는 삶을 살기에는 턱없이 부족하다.

그런데도 워라밸이 대세다. 조직보다 개인의 삶이 중요하다고 생각하는 사람들이 많고 일 때문에 자기 삶을 희생하려고 하지 않는다. 많은 돈을 벌기보다는 스트레스 없는 삶을 꿈꾸며 삶의 만족을 높이기 위한 다양한 방법을 찾는다. 직장도 돈을 많이 주고 야근을 밥 먹듯이 하거나 주말도 없이 일하는 곳보다는 적게 일하고 적당한 월급을 받는 곳을 더 선호한다. 그리고 남은 시간에 여행이나 취미 생활, 또는 자기 계발 같은 개인 생활로 채우기 원한다.

✴ 아동 공동생활가정에서 누리는 저녁 있는 삶

'아동 공동생활가정'은 아동 청소년 사회복지 시설로 1년 365일 하루 24시간 항상 누군가는 아이들을 돌보아야 한다. 그런데 종사자가 3명이기 때문에 누군가 희생하지 않으면 아이들을 방임하게 된다. 가정폭력과 방임으로 상처받은 아이를 또다시 방임할 수 없어 시설장들은 희생을 감수하면서 아이들을 돌보고 있다. 근무 시간 단축으로 하루 8시간씩 일주일에 40시간을 넘기면 초과근무 수당을 주어야 하는데, 후원금을 많이 모금하거나 시설장

자비로 주어야 한다.

아이들에게 사회복지 시설에서 성장했다는 상처를 주지 않기 위해 일곱 명이 정원이고 간판도 없는 일반 가정과 동일한 환경에서 아이들을 양육하도록 법으로 규정되어 있다. 일반 가정과 동일하고 아이들도 몇 명 안 되다 보니 후원자를 발굴하기가 쉽지 않다.

기관마다 종사자들의 근무 형태가 다른데, 어떤 기관은 일주일에 2~3일씩 근무하고 다른 기관은 아침 9시에 출근해서 저녁 6시에 퇴근하는 선생님과 저녁 6시에 출근해서 아침 9시에 퇴근하는 선생님을 채용해서 함께 일하고 있다. 당연히 주말과 공휴일을 휴무로 하고 야간에 근무하는 선생님은 본인의 필요에 따라 야간에 근무하는 일자리를 찾았기 때문에 야간근무라고 하여 야간수당을 주지 않는다. 대신 시설장은 1년 365일 쉬는 날 없이 아이들과 함께하다 보니 여행이나 취미 생활은 꿈도 못 꾼다. 나 또한 아이들과 함께한 18년 동안 나만의 자유로운 여행은 꿈도 꾸지 못했다.

그런 삶 속에도 '저녁이 있는 삶'은 있다. 아주 중요한 일이거나 급한 일이 아니면 저녁 약속을 잡지 않고 해가 지고 어두워지면 집 안에서 아이들과 함께 있는 것이 좋다. 아이들의 재잘거림이 좋고 시끌벅적 떠드는 소리가 사람 사는 것 같아 좋다. 재잘거리는 소리가 잦아들고 아이들이 꿈나라로 가고 나면 나만의 시간이 찾아온다. 책을 읽고 글을 쓰는 이 시간이 나는 참 좋다. 오늘도 이런 행복을 빼앗기고 싶지 않아 '2018 안성시민 사회단체 해넘이 행사'에 불참했다.

❀ 아이들과 함께하며 맛보는 소확행

일본의 소설가 무라카미 후루키는『랑겔한스섬의 오후』라는 에세이집에서 갓 구운 빵을 손으로 찢어 먹을 때, 서랍 안에 반듯하게 정리되어 있는 속옷을 볼 때 느끼는 행복과 같은 바쁜 일상에서 느끼는 작은 즐거움을 소소하고 확실한 행복이라는 의미의 소확행이라고 했다. 나는 아이들과 함께하며 그 무엇과도 바꿀 수 없는 소소하고 확실한 행복을 맛보며 산다.

얼마 전 준이가 야간에 근무하는 선생님께 혼나고 일 층으로 내려왔다. 간단하게 상황을 듣고 준이의 기분 전환을 위해 사이다와 빼빼로를 주었더니 안 먹겠다고 한다. 그래서 소리를 주기 위해 사 놓은 작은 아이스크림 하나를 주겠다고 했더니 소리가 자기가 먹으려고 남겨 놓은 거라고 한다. 몇 개 있으니까 하나 주자고 했더니 그렇게 하라고 한다.

아이스크림을 가지러 간 사이 소리가 준이 머리를 쓰다듬으며 "형, 맛있는 아이스크림 먹으면 기분이 좋아질 거야. 내가 주는 거니까 먹어 봐." 하자 준이가 웃는다. 그러자 "엄마, 형이 웃었어요. 이제 기분이 좋아지고 있나 봐요." 했다.

아이스크림을 주자 들고 서 있는 준이에게 "들고 있으면 녹으니까 먹고 기분 바꿔서 올라가." 했더니 소리가 "그래, 맛있는 아이스크림이야. 먹어 봐! 기분이 좋아질 거야." 한다.

준이는 아이스크림을 먹고 기분이 좋아져서 올라가자, 소리가 내 귀에 대고 "엄마, 내일은 이런 일이 없었으면 좋겠다."고 하며 나를 꼭 끌어안는다.

여섯 살 소리가 하는 말에 감동하여 준이도 나도 행복해졌다. 나에게는 이런 소소한 행복이 고급 레스토랑의 어떤 음식보다 진한 감동으로 다가온다.

❋ 저녁이 있는 삶의 가장 큰 수혜자는 아이들이다

저녁이 있는 삶이라는 말은 2012년 손학규 대선 후보 캠프에서 메시지 담당관이었던 김계환 비서관이 만들고 『저녁이 있는 삶』이라는 책까지 출간했지만 실현되지는 못했다. 저녁이 있는 삶은 한 정치인이 만들어 줄 수 있는 것도 아니고 법과 제도로 만들 수 있는 것도 아니다. 물론 법과 제도로 근무 시간을 조정하고 최저임금의 제한선을 두는 것이 도움은 되겠지만 근본적으로는 내 의식이 바뀌고 습관이 변해야 한다.

저녁이 있는 삶이라고 해서 그 시간에 외식하고 영화를 보고 친구를 만나는 것만이 저녁이 있는 삶이고 행복이라고 할 수는 없다. 서울대 소비트렌드분석센터에서 출간한 『트렌드 코리아 2018』의 첫 번째가 소확행이다. 저녁이 있는 삶이야말로 작고 확실한 행복을 누리며 일과 삶의 균형을 이루는 워라밸의 삶을 사는 방법 중의 하나가 아닐까 싶다.

저녁이 있는 삶의 가장 큰 수혜자는 아이들이 될 것이다. 병아리가 위험하다고 느끼면 어미 닭 깃털 속으로 숨듯이 아이들은 엄마 아빠와 함께 있을 때 가장 평안하고 행복하기 때문이다. 행복하게 성장하는 아이들을 바라보는 부모 또한 행복해진다.

✳ 아이가 어릴 때만 경험할 수 있는 행복을 위해

그런데 이런 행복은 영원하지도 않고 오래도록 지속되지도 않는다. 아이들의 성장은 빠르고, 성장하면서 부모와 함께하는 시간보다는 친구와 함께하는 것을 더 즐거워하게 되고 성인이 되면 둥지를 떠나기 때문이다. 아이들과 함께하는 행복은 아이들이 어렸을 때가 아니면 경험할 수가 없다.

주말 저녁, 아이들과 함께 간식을 먹으며 이야기를 하다 보면 자연스럽게 학교에서 있었던 이야기도 하게 되고 미래를 어떻게 준비할 수 있을까에 대한 대화도 나눌 수 있게 된다. 그렇게 성장한 아이는 성인이 되었을 때 자연스럽게 그 가정의 문화를 이어

갈 것이고 워라밸의 삶을 추구하며 살아가게 될 것이다.

지금부터 내가 '저녁이 있는 삶'의 문화를 만들어 가기 위해 노력하지 않으면 '저녁이 있는 삶'은 결코 나에게 그냥 주어지지 않는다.

한 사람에 의해
우물 밖의 세계가 열린다

인간은 자신이 믿고 있는 신념 체계나 시간적 경험 혹은 공간적 제약을 벗어나기 어렵다. 그래서 대부분 자신의 믿음 체계나 시간적·공간적 제약으로 만들어진 범주 안에서 살다 가는 것이다. 일반적인 사람들에게만 해당하는 것이 아니라 학자나 종교인을 포함하여 정치인까지 누구나 그렇게 살기 쉽다.

❀ 우물 안 개구리와 우물 밖 세계

옛날에 하루살이와 메뚜기와 개구리가 함께 놀고 있었다. 하루 해가 저물고 저녁이 되자 메뚜기와 개구리가 이제 집에 가서 자고 내일 만나서 놀자고 했다. 하루살이는 내일이 어디 있냐며 내일이 없다고 우겼다. 메뚜기와 개구리가 아무리 설명해도 하루살이는 들으려고도 하지 않고 계속해서 조금 더 놀자고 했다. 답답한 메뚜기와 개구리는 내일 다시 만나자는 인사를 남기고 유유히 사라졌다.

다음 날도 그다음 날도 메뚜기와 개구리는 함께 만나 재미있게 놀다 겨울이 되었다. 개구리는 이제 추우니까 겨울잠을 자고 내년에 만나자고 했다. 메뚜기는 내년이 뭐냐고 물었다. 개구리는 겨울잠을 자고 나면 따뜻한 봄이 오고 그때가 내년이라고 설명했지만, 메뚜기는 무슨 말을 하는지 알아듣지 못했다. 그리고 우리 죽을 때까지 함께 놀자고 했다. 개구리는 아무리 내년이 있다고 해도 믿지 않는 메뚜기를 뒤로하고 겨울잠을 자러 갔다. 하루살이와 메뚜기는 자기가 살아온 만큼만의 경험과 인식이 전부라고 믿고 있었다.

우물 안 개구리는 우물을 자신의 전 세계로 알고 산다. 하지만 인간은 가 본 적도 없는 우물 밖의 세상을 꿈꾼다. 결국, 무모한 꿈을 꾼 한 사람에 의해 우물 밖의 세계가 열린다. 문제는 우물 밖을 꿈꾸는 것도 어렵지만 편안함에 안주하고 싶은 유혹을 뿌리치고 자신만의 익숙함을 벗어던지는 것은 더욱 어렵다는 점이다.

❋ 세계 최초 시각장애인만으로 구성된 '한빛 예술단'

2018년 10월 28일 안성제일장로교회에서 한빛 예술단 찬양 예배가 있었다. 짧은 예배가 끝나고 한빛 예술단원들이 하나둘 무대 위로 등장하는데 팔이나 손을 잡고 짝꿍 지어 천천히 무대 위로 올라서는 손으로 의자를 한번 만지고 자리에 앉았다. 그리고 짝꿍 중 한 분은 조용히 무대를 내려갔다. 눈으로 볼 수 없는 상황에서 나 혼자 악기를 연주하기도 쉽지 않을 것 같은데 다른 사람과 호흡을 맞추는 것은 불가능해 보였다. 연주가 시작되자 시각장애인이 맞나 싶을 정도로 연주를 잘했다. 지휘자가 필요 없는 한빛 예술단의 연주는 최고였다.

그동안 시각장애인들은 '안마'를 통해 생존 문제를 해결하는 데 많은 도움을 받았다. 중증시각장애인 상당수는 시각장애 학교 등을 통해 직업교육을 받고, 안마사 자격증을 취득하여 안마업에 종사함으로써 자립 생활을 영위해 올 수 있다. 그런데 안마업은 현재 그 독점적 지위에 대한 법률적 분쟁을 통하여 비시각장애인들로부터 끊임없는 문제 제기를 받고 있으며 유사업종으로 비장애인들의 진출이 활발하게 진행되면서 유보직종 존립의 위기에 봉착해 있다. 더는 '안마'가 시각장애인들의 생계를 보장해 줄 수 있는 독점적 전업으로서의 상징성과 기능을 다 하지 못하는 상황이 벌어지고 있다.

한빛 재단과 한빛 맹학교에서 시각장애인들이 안마업의 한계를 극복하고 새롭고 다양한 직업 창출을 위해 고민하다 시각장애인들의 음악적 재능에 주목하게 되었다. 시각장애인들에게는 세상을 해석하고 이해할 수 있는 눈은 없지만, 세상의 소리에 귀 기울일 수 있도록 발달한 청력이 있고 외계의 소리를 담아 세상과 소통할 수 있는 맑은 영혼이 있었다.

한빛 재단에서는 천부적으로 소리에 민감해 상당수가 절대음감을 소유하고 있는 이들의 음악적 재능을 발굴·육성하고, 음악을 통한 직업 창출 및 자립 능력 배양을 목표로 지난 2003년부터 활동해 왔던 한빛 브라스앙상블을 확대 개편해, 2006년 1월 '한빛 예술단'을 창단하게 되었다. 한빛 예술단은 세계 최초로 시각장애인으로 구성된 연주단으로 이들은 세계 최고의 연주단을 꿈꾸며 활발하게 활동하고 있다.

비장애인도 하나의 악기를 능숙하게 연주하기 위해서는 수많은 시간 연습하고 또 연습하며 자신의 기량을 다듬어야 한다. 특히 다른 사람과 호흡을 맞추는 연주단의 단원이 되기 위해서는 지휘자의 지휘에 따라 함께하는 연습을 수도 없이 해야 한다. 그런데 시각장애인들이 혼자 하는 것도 아니고 20여 명이 함께 호흡을 맞추어 연주하기 위해서는 피나는 노력의 결과가 아닐까 싶다.

한빛 예술단 단원들은 세계에서 한 번도 시도되지 않은 시각장애인 연주단이라는 새로운 세상을 열었다. 불가능하고 위험한 곳으로 나오기 위해 상상할 수 없는 많은 땀과 눈물을 흘리며 연습하고 또 연습했다. 그리고 2011년 '대구 세계 육상 선수권대회' 전야제 오프닝무대 공연을 비롯하여 2011년 워싱턴D.C. '케네기 센터 공연'에 이어 2012년 '한·중 수교 20주년 기념음악회'를 중국 북경에서 개최하는 등 대한민국 장애인 예술의 위상을 알리며 활발히 활동하고 있다.

국내뿐 아니라 국외 기획공연을 통해 장애인 예술가들의 음악적 역량을 키우고, 활동무대를 넓혀 한계를 극복한 예술적 가치로 공존의 세상이 되도록 최선을 다해 노력하고 있다.

❀ 도전하지 않으면 실패도 없지만, 성공도 없다

사람들은 지금 당장 가까이에 있는 현실의 기능적인 문제를 해결하는 데에 집중하지, 미래를 향해 열려 있는 꿈을 꾸거나 비전을 세우는 일을 하지 못한다. 오히려 비전이나 꿈을 현실성 없는 한가한 소리로 치부하기 쉽다. 그래서 자녀들에게도 꿈을 꾸는 일보다 공부 잘해서 좋은 대학에 들어가라고 가르친다. 초등학교 때까지 이런저런 꿈을 꾸던 아이들은 중학생이 되면서부터 꿈꾸는 것은 좋은 대학에 입학한 후로 미루고 "왜"라고 묻기보다 주어진 문제를 푸는 데 길들어 간다.

나는 문교부 인가가 나지 않은 연희 여자 상업 전수학교를 나왔다. 대학에 가기 위해서는 고등학교 졸업 자격 검정고시에 합격해야 하는데, 그 시험이 도저히 뛰어넘을 수 없는 높은 벽으로 느껴졌다. 아이 둘 낳고 도저히 넘을 수 없을 것이라고 포기했던 그 벽을 넘지 않으면 죽을 것 같다는 절박함에 몸서리쳤다. 고여 있는 물은 썩고 썩은 물에서는 생명체가 살 수 없다.

우물 안에서 볼 때 우물 밖은 다른 곳이거나 없는 곳, 또는 불가능한 곳이거나 위험한 곳이다. 나는 살기 위해 우물 밖으로 나가기로 했다. 아이 둘을 키우며 일을 하는 서른두 살의 나는 주변의 만류에도 불구하고 우물 밖 세상을 꿈꾸며 고등학교 졸업 자격 검정고시에 도전했다.

그렇게도 높게만 느껴지던 장벽을 누구의 도움도 없이 단번에 뛰어넘어 그토록 가고 싶었던 대학에 들어갔다. 대학 캠퍼스, 리포트, 논문, MT 평생 나오는 상관없을 것 같았던 단어들을 입에 담으며 새로운 세상을 즐기기도 전에 위기가 찾아왔다.

대학에 들어가 한 학기가 끝나고, 여름방학이었다. 뭔가 이상하다는 느낌이 있어 검사한 결과 경부암 진단을 받았다. 다행히 조기 발견으로 수술이 잘 마무리되었지만 뒤이어 찾아온 우울증은 나를 송두리째 흔들었다. 지금 이 순간 죽는 것만이 가장 행복할 것 같은 마음을 '자살은 죄'라는 실오라기 같은 믿음에 매달고 허우적거렸다.

지금 여기에서 포기한다면 그동안 꿈꾸던 세상은 볼 수도 없고 더 깊은 우물 속으로 추락할 수밖에 없다는 생각으로 포기하지 않은 덕분에 지금의 내가 있다. 그 과정은 절대 쉽지 않았지만, 우물을 벗어나 보니 그것이 불가능하거나 위험한 곳이 아니라는 것을 알게 되었다. 처음이 어렵지 한 번 한계를 벗어나고 나면 그다음에는 두려움 없이 도전하게 된다는 것도 알았다.

❀ 우물 밖의 세상은 한 사람에 의해 열린다

암으로 수술하고 내 인생의 의미를 찾다가 돌봄을 받지 못하는 아이들을 돌보기 위해 대학원에서 아동 가족복지를 공부했다. 그리고 '즐거운 집 그룹홈'이라는 아동 공동생활가정을 운영하며 아이들이 꿈을 찾아 도전할 수 있도록 응원한다. 2018년 2월에는 그 과정에서 느낀 행복한 이야기를 『행복의 온도』라는 한 권의 책으로 묶어 세상에 내놓았다.

우리는 모두 우물 안에서 살아간다. 자신을 둘러싼 환경과 그동안 보고, 듣고, 배운 지식이라는 우물 안에서 조금씩 자리를 옮겨 앉으며 새로운 도전으로 착각하고 살아간다. 자신도 우물 속에 가두고 아이도 우물을 벗어날 수 없게 붙잡는 것이다. 우물 밖의 세상은 한 사람에 의해 열린다. 내 아이가 우물 밖의 세상을 여는 한 사람이기를 꿈꾸며 아이와 함께 도전하기를 멈추지 않는 엄마이기를 기대한다.

엄마의 종결 욕구가
아이의 길을 막는다

　심리학 용어 중에 '종결 욕구'가 있다. 어떤 주제에 대한 확실한 대답, 즉 혼란과 모호성을 없애 주는 답변을 원하는 욕구를 뜻하는 말이다. 우리는 모두 종결 욕구를 갖고 있지만, 자녀가 잘되기를 바라고 좋은 것만 주고 싶은 부모에게는 이 종결 욕구가 더욱더 강할 수밖에 없다. 이렇게 강한 종결 욕구 때문에 아이를 다그치게 되고 더욱더 안정되고 확실한 것을 찾게 된다.

❋ 자퇴한 문제아가 반장이 되기까지

　6학년이 되는 해 1월 말에 중학교 2학년 형과 함께 입소한 아이가 있다. 순하고 착해 보이는 아이들인데 하루 이틀 지나면서 생각하지 못했던 일들이 발생했다. 거실에서 컴퓨터를 하고 있던 동생이 학교에 갔다 와서 현관에 들어서는 형을 쳐다보았는데, 집 안으로 들어온 형이 갑자기 동생을 향해 주먹을 날렸다. 깜짝 놀라 말리고 무슨 일이냐고 물었지만, 대답은 하지 않고 씩씩대며 욕을 했다.

일단 둘을 분리하고 무슨 일이냐고 물었더니 기분 나쁘게 쳐다보았다는 것이다. 이유가 어떠하든 폭력은 안 된다고 하고 돌아서서 주방으로 왔는데 다시 나와서 동생을 때렸다. 서둘러 각기 다른 방으로 분리하고 감정이 정돈되기를 기다려 이전에 어떻게 살았는지 모르지만, 우리 집에서는 폭력이 허용되지 않는다는 것을 분명하게 얘기했다.

이후에도 형이 자기감정에 따라 동생을 때리는 일이 자주 발생해서 운영위원회에 회부하여 형과 동생을 분리하였다. 그리고 1년 동안은 동생이 밝아지고 학교생활도 잘했는데 중학교에 입학하고 형을 다시 만나면서 어긋나기 시작했다.

담배를 피우는 것은 기본이고 새벽 1~2시에 들어오는 날이 많고 다른 아이가 차에서 금품을 훔치도록 망을 봐주고 돈을 받았다 걸려 경찰서에 가서 조사를 받는 일이 발생했다. 지각과 조퇴를 밥 먹듯이 하며 겨우 중학교를 졸업하고 고등학교에 입학하는가 했더니 한 학기 마치고 자퇴를 했다.

주변 사람들은 다른 아이들에게 좋지 않은 영향을 미칠 수 있으니 귀가 조치하는 것이 어떻겠냐는 조언을 했다. 그러나 내가 아동 공동생활가정을 하는 이유가 그런 아이들을 잘 돌보아서 건강한 사회 구성원으로 살아가도록 하는 것이라는 생각에 도저히 포기할 수가 없었다. 아이가 어떻게 행동하는가와 상관없이 정해진 용돈을 주며 끊임없이 지금처럼 살면 성인이 되었을 때 어떻게 될 까에 대하여 이야기를 나누었다.

아이는 자퇴 6개월 만에 다시 고등학교 1학년으로 입학하겠다고 해서 재입학을 했는데, 재입학해서도 지각과 조퇴를 수시로 하는 습관은 변하지 않았다. 이유도 다양했다. 배가 아프다거나 속이 안 좋다, 머리가 아프다고 하는데 그 아픈 정도를 객관적으로 알 수 없으니 담임선생님은 물론 나도 고민스러울 때가 한두 번이 아니었다. 그러나 학교 선생님도 나도 아이를 포기하지 않았다.

새 학기가 시작되고 고등학교 2학년이 된 아이는 완전히 달라졌다. 겨울방학 때부터 2학년이 되면 달라지고 공부를 하겠다고 하더니 새 학기가 시작되자 정말 밤 9시면 귀가하고 아침 7시에 일어나 7시 40분이면 학교에 갔다. 지각은 물론 조퇴하고 싶다는 문자 한 번 오지 않고, 반장이 되었다고 하며 학교생활을 성실하게 하고 있다. 이렇게 되기까지 무려 5년이 걸렸다. 담배 피우고 새벽에 들어오며 경찰서에 드나들 때 아이를 포기했다면 이 아이는 여전히 거리를 방황하고 있을지도 모른다.

'될성부른 나무는 떡잎부터 알아본다.'는 속담이 있다. 어려서부터 바르게 성장해야 훌륭한 사람이 된다는 의미가 담겨 있다. 모든 아이가 그렇게 성장하면 더없이 좋겠지만, 잠시 일탈했던 아이가 성장해서 자신의 잘못된 행동을 바로잡고 건강한 사회 구성원으로 많은 사람에게 선한 영향력을 끼치며 살아가는 경우를 얼마든지 만날 수 있다.

❀ 천대받는 나무가 세상에서 가장 아름다운 소리로 탄생되다

캐나다 로키산맥의 수목한계선에는 무릎 꿇은 나무라는 특이한 형태의 나무가 자라고 있다. 해발 3,000~3,500m 지점인 이곳은 바람이 매섭고 눈보라가 심하며 강우량이 적어 거친 환경을 극복하고 살아남기 위해 나무는 성장을 억제하고 자신의 몸을 비틀고 웅크려 마치 무릎을 꿇고 있는 모습처럼 삐뚤어져 버리는 것이다.

키가 작고 뚱뚱한 데다 모양도 뒤틀린 이 나무를, 가구를 만드는 목공소에서도 반기지 않고 심지어 꽃이나 잎도 제대로 피우지 못해 초식동물들조차 거들떠보지 않는다.

하지만 이렇게 천대받는 나무가 세상에서 가장 아름다운 소리로 음악을 만들어 낸다. 휘어지고 뒤틀려 볼품없는 나무가 전 세계에서 가장 공명이 잘되는 명품 바이올린의 소재로 사용되어 세계 최고의 오페라 하우스에서 수많은 사람에게 진한 감동을 주고 있다는 것이다.

❋ 아이의 페이스에 맞추어 자기 길을 찾아가도록

아이가 태어나서 처음 학교에 입학하게 되면 엄마는 걱정이 이 만저만이 아니다. 가장 염려하는 것은 아이가 학교에 잘 적응하고 친구와 좋은 관계를 맺는가 하는 것이지만, 그와 함께 수업에 얼마나 집중하며 잘 이해하고 따라갈까에 대한 염려도 크다. 중학생이 되면 성적이 나오게 되는데 평균 점수와 전교 등수는 고등학교 진학과 연결되어 부모의 민감 지수를 자극한다. 지금은 다양한 경험을 돈으로 바꾸는 시대지만 학부모들의 의식은 여전히 학교 성적에 머물러 있는 경우가 많다.

나는 영재와 학교 밖 아이를 키워 보았다. 큰아이는 경기도에서 영재로 선발되어 아주대학교에서 2년 동안 영재교육을 받다가 자기는 자연과학을 좋아하는데 영재교육에서는 컴퓨터과학을 가르친다고 중도 포기했다. 어려서부터 책 읽기를 즐겼는데, 중학교 2학년 때 광화문 교보문고에서 『파우스트』를 구매해 안성 내려오는 버스 안에서 다 읽고 이해할 만큼 독서량이 풍부하고 구구단이 만들어진 배경 설명만 듣고 구구단을 외운 아이다.

시험 기간이라고 책상 앞에 앉아 공부를 해 보지 않았고 성적을 올리기 위해 절박한 심정으로 문제집을 붙들고 늘어진 경험도 없다. 그래도 성적은 항상 상위권을 유지했고 공부 잘하는 아이들이 모인다는 고등학교에 진학해서도 학교 공부보다는 자기가 좋아하는 악기를 배우고 공연을 다니며 자유롭게 학교생활을 했다.

반면에 작은아이는 중학교에 입학해서 한 달 학교에 다니다 학교가 지옥이라며 학교에 가지 않겠다고 했다.

두 아이가 모두 성인이 되어 나름의 꿈을 가지고 살아간다. 큰아이는 절박한 심정으로 무엇인가를 이루기 위해 노력해 본 적이 없었던 삶에 대한 아쉬움이 많은데, 작은아이는 산전수전 다 겪어 보아서 세상에 대한 두려움이 없이 도전하고 또 도전하며 꿋꿋하게 자기 길을 가고 있다.

가슴 아픈 다양한 경험을 했던 작은아이에게는 다른 사람의 마음을 보듬어 주는 넓은 가슴이 있고, 풍부한 지식을 겸비한 큰아이에게는 다양한 각도에서 상황을 바라보고 판단하는 능력이 있어 도움을 요청하는 사람들의 이야기를 들어준다. 누가 더 성공적인 삶을 살고 있다고 말할 수 없는 것이 각기 다른 색으로 선한 영향력을 끼치며 살아가고 있기 때문이다.

흔히 인생을 마라톤에 비유한다. 42.195㎞를 달리기 위해서는 처음에 전속력으로 달려서는 안 된다. 체력을 안배하여 일정한 속도로 달리며 호흡을 조절해야 하듯이 아이들도 어려서는 심층 독서를 통하여 올바른 가치관을 형성하고 자기가 좋아하고 잘하는 일을 찾아 왜 그 일을 하는가에 대한 답을 가지고 있을 때 아이는 행복하게 일할 수 있을 것이다.

그런데 아이를 바라보는 부모는 내 아이만 뒤지는 것 같아 마음이 조급해지고 빨리빨리 눈에 보이는 그 어떤 결과를 보기 원한다. 열다섯 명의 아이를 키우며 절실하게 느끼는 것은 아이를 믿고 기다려 주어야 한다는 것이다. 다른 아이와 비교하지 말고 내 아이의 페이스에 맞추어 칭찬하고 격려하며 자기의 길을 찾아갈 수 있도록 응원하는 것이 부모의 역할이 아닐까 싶다.

부모는
관계 맺기의 출발점이다

부모와의 애착 형성은 관계 맺기의 시작이다. 애착은 영아기와 유아기에 아이가 부모 또는 다른 양육자와 형성하는 지속적인 유대를 말하는 것으로, 아기가 태어나서 애착 형성을 어떻게 하느냐에 따라 다른 사람들과의 관계 맺기를 잘할 수도 있고 어려움을 겪을 수도 있다.

영아기에 부모와 애착이 형성되기 시작해서 유아기에 이르면 애착 행동이 능동적이고 분명해지며 확고해진다. 영아기를 거쳐 유아기에 형성된 애착 행동은 '내적작동모델'을 형성하게 되며, 이 내적작동모델이 인생 전반에 걸쳐 대인관계 형성에 영향을 주게 되는 것이다.

❀ 꾸준하고 일관된 양육 환경의 질이 중요하다

엄마와 아빠가 적극적으로 아이와의 신체적 접촉과 상호 반응의 기회를 늘리고 아이의 행동을 잘 관찰할 필요가 있다. 또한 꾸준히 아이와 함께하는 시간을 가지며 애착 형성에 좋은 놀이를 같이하는 등의 노력도 필요하다.

하지만 너무 과민하게 행동하면 오히려 역효과를 낼 수도 있다. 특히 반응성 애착 장애(아무에게나 강한 애착 반응을 나타내거나 접촉을 거부하고, 성장이 지연되며, 체중이 늘지 않는 상태)에 대한 공포심에 너무 과한 애정 표현을 한다든지 아이가 상처받을 일을 아예 만들려고 하지 않는 등, 종일 아이만 바라보는 과잉보호도 문제가 되는 것이다.

특히 맞벌이하는 부부의 경우 아이와 많은 시간을 보내지 못한다는 죄책감에 아이가 원하는 것을 무조건 들어주고 강박적으로 애정 표현을 하는 것은 바람직하지 않다. 아이가 원하는 것을 충족시켜 준다고 해서 강한 애착이 형성되는 것이 아니고 아이와 함께하는 시간이 적다고 애착 형성에 실패하는 것도 아니기 때문이다. 적은 시간이라도 꾸준히 아이와 접촉하며 적당한 애착 행위를 균형 있게 이어 가는 것이 대단히 중요하다.

아이에게 관심을 가지고 민감하게 반응하며 일관된 원칙을 가지고 꾸준하게 긍정적인 양육을 하는 부모들은 영유아기뿐 아니라 아동기, 청소년기에도 꾸준하게 그런 양육 방식을 유지하여 아이가 계속 긍정적 사회관계를 성취하도록 돕게 된다. 그렇게 성장한 아이들은 애착이 안정적으로 형성된다.

✳ 부모 자식 간의 애착 형성은 대물림된다

그런데 부모 자신의 어린 시절 애착 형성의 정도가 아이에게까지 영향을 미치기도 한다. 부모가 어릴 때 긍정적 애착을 형성했다면 자녀와도 긍정적인 애착을 형성하지만, 반대의 경우 자녀와 부정적 애착을 형성할 확률이 높다.

나도 맞벌이를 하며 아이 둘을 키웠다. 큰아이는 내성적이어서 조용하고 말을 잘 듣는 반면 작은아이는 자기주장도 강하고 고집도 세서 키우기가 정말 힘들었다. 한번 고집부리며 울기 시작하면 아무리 달래도 소용없고 악을 쓰며 우는 아이를 어떻게 할 수 없어 회초리로 종아리를 때리기도 했다.

둘째 아이를 낳던 해, 이렇게 육체노동을 하며 살다가는 죽을 것 같다는 생각이 들어 내가 가장 재미있게 잘할 수 있다고 생각한 공부를 시작했다. 가난한 부모 밑에서 태어나 하고 싶었던 공부를 못 했던 것이 한이 되었었기 때문이다. 일과 공부를 병행하는 것도 힘든데, 예민하기로 둘째가라면 서러운 아이를 키우려니 여간 힘든 일이 아니었다.

그런 와중에 아이가 네 살 때 내가 경부암으로 수술하고 다섯 살 때는 아이가 탈장으로 수술했다. 아이가 예민하니 마취될 때까지 손을 잡아 주면 안 되겠느냐고 간절히 부탁했지만, 의료진은 단호하게 안 된다고 거절했고 아이는 공포에 질린 눈을 하고 울면서 수술실로 실려 갔다. 나중에 신경정신과 상담을 통해 그

때 느낀 공포는 죽음과 같은 공포라는 것을 알았다.

중학교에 입학하면서부터 친구 맺기에 실패하고 선생님과의 관계 맺기도 실패했다. 결국 검정고시를 통해 중·고등학교 과정을 마쳤는데 사회에 나와서도 사람들과의 관계 맺기에 어려움을 겪는 것을 보며 죄책감을 느낀다. 학교에 갔다 왔을 때 '학교에 잘 다녀왔니?' 하며 문을 열어 주고 간식을 챙겨 주는 엄마를 간절히 원했었는데 그때 일을 하지 않고 전업주부로 아이를 돌보았더라면 좋았을 것을, 나 자신을 위한 공부를 잠시 미루고 조금 더 많은 시간 아이의 말에 귀 기울여 들어 주었더라면 대인관계에서 조금 더 수월하지 않았을까 싶은 마음에 후회하고 또 후회한다.

어떤 엄마들은 딸하고 친구처럼 지내며 함께 쇼핑도 하고 목욕도 같이 가는데 아이가 성인이 된 이후 함께 쇼핑하거나 목욕을 같이 가 보지 못했다. 서로가 불편하게 느끼기 때문이다. 그렇다고 서로를 미워하거나 원망하는 것은 아니다. 다만 가까운 지인처럼 필요한 정보를 나누고 가끔은 감정을 나누며 어려움이 있을 때는 도와주는, 밀착되지도 그렇다고 너무 먼 당신도 아닌 관계를 유지하고 있다.

돌이켜 보면 나와 친정어머니와의 관계와 비슷한 것을 느끼게 된다. 친정어머니는 가난한 집안의 맏며느리로 시집와서 힘들게 사셨다. 셋이나 되는 시동생들을 키워 분가시켰는데 자식 낳고 잘 살면서도 사업자금 대 달라고 아버지를 힘들게 했고, 아버지는 속상해서 술을 드시면 그런 삶을 한탄하셨다. 어머니는 감성적이고 꿈도 많았는데 그 꿈을 하나도 이루지 못하고 한 많은 생을 살아오셨다.

여름밤이면 마당에 모닥불을 피워 놓고 우리는 평상에 누워 밤하늘의 별을 보며 어머니가 들려주시는 이야기를 들으며 자랐다. 어머니는 낮에 수확한 농작물을 손질하시며 옛날이야기를 들려주시거나 재미있는 놀이를 알려 주셨는데, 그렇게 이야기를 통해 꿈을 꾸게 하신 어머니가 나를 따뜻하게 안아 주었던 기억이 없다.

칠 남매를 낳아 키우며 아이들 굶기지 않기 위해 일하시느라 그럴 수도 있겠다 싶지만, 어머니의 이야기들을 종합해 보면 어머니 또한 성장하면서 외할아버지나 외할머니로부터 따뜻한 사랑을 받지 못하고 성장하셨다. 학교 교장 선생님이셨던 외할아버지 덕분에 구전동화나 속담 또는 격언 같은 것을 전수해 줄 수는 있었지만, 어머니 스스로가 받지 못한 사랑을 자식에게 전수해 줄 수는 없었다.

❋ 관계 맺기, 부모로부터 시작된다

'즐거운 집그룹홈'에 오는 아이들의 연령대는 다양한데 4~5세가 넘어서 오는 아이들은 한번 안아 보면 애착 형성이 잘되었는지 아닌지를 알 수 있다. 애착 형성이 제대로 된 아이들은 안기는 느낌이 있지만, 애착 형성이 되지 않은 아이는 나무토막을 안는 것처럼 뻣뻣하고 아무 느낌이 없다.

일부러 꼭 안아 보지만, 슬며시 밀어낸다. 따뜻한 엄마 품에 대한 기억이 없어 낯설게 느껴지기 때문이다. 그런 아이는 귀엽고 사랑스러운 아기를 보아도 안아 주거나 함께 놀아 주지 않는다. 그렇게 애착 형성이 제대로 되지 않아 사랑을 표현하고 표현하는 사랑을 받아들이기 어색해하는 아이들에게는 조금 더 스킨십을 통한 사랑을 하려고 노력한다.

『2019 대한민국 트렌드』에서 첫 번째로 트렌드가 '1인 체제의 나비효과'다. 워라밸도, 소확행도 혼자 해야 제맛이고 가장 갖고 싶은 것은 나만의 공간이며 운동도 집에서 혼자 하는 '홈트족'이 늘고 있다는 것이다.

그러나 모든 사람이 항상 혼자만의 삶을 즐길 수는 없다. 싫든 좋든 우리는 누군가와 관계를 맺으며 살아가야 한다. 그 관계 맺기의 시작이 바로 부모라는 것은 부인할 수 없는 사실이다. 애착 형성은 생후 7개월 전후로 형성된다고 하지만 애착 형성뿐만 아니라 그 이후에도 아이와 어떤 관계를 형성하느냐에 따라 다른 사람과의 관계 맺기에 영향을 미치게 된다는 사실을 기억하고 모든 부모가 자녀와 좋은 관계를 맺으며 행복하게 살아가기를 바라는 마음이다.

부모의 어휘력이
자녀의 이해력이다

글을 쓰면서 가장 어려운 것이 어휘력이 부족하다는 것이다. 유년기에는 전라남도 영광의 두메산골에서 학교를 다녔기 때문에 학교에서 빌려 보는 책 외에 많은 책을 접하지 못했다. 그리고 고등학교부터는 스스로 돈을 벌어 학교에 다니느라 책을 읽을 시간이 많지 않았다. 그나마 책 읽는 것을 좋아해서 조금씩 쉬지 않고 읽기는 했지만, 다방면의 많은 책을 읽지 못하고 노래와 그림, 영화나 각종 공연을 접할 기회가 없어 그와 관련된 상식이 턱없이 부족하다.

지금은 고인이 된 한 작가를 만나게 되었는데 그분은 "네 삶이 수필이야. 삶을 글로 써 봐." 하며 내 삶의 이야기를 글로 풀어내기를 바랐다. 삶이 힘들고 지칠 때 일기장을 펴고 주저리주저리 지친 마음을 풀어내기 시작했지만 내 마음을 적절하게 표현할 단어를 찾지 못하고 내가 알고 있는 몇 안 되는 단어들로 채워졌다.

✳ 어휘력은 이해력이고 이해력은 독해력으로 이어진다

기왕에 글을 쓰려면 내가 쓴 글을 읽는 사람들이 불편함 없이 읽을 수 있는지 검증하고 싶다는 생각으로 일주일에 한 번 현대수필 발행인이자 전 중앙대학교 국문과 교수님이셨던 윤재천 교수님 강의를 들으러 갔다. 2년 동안 공부해서 등단이라는 과정을 거치기는 했지만 나는 여전히 글을 쓸 때마다 어휘력이 부족함을 느낀다.

『책은 도끼다』의 박웅현 저자가 "줄을 치고 또 쳐도 마음을 흔드는 새로운 문장들이 넘쳐나는 게 김훈의 책입니다."라고 칭찬할 만큼 김훈의 책들은 주옥같은 문장들로 가득하다. 나 또한 김훈 작가의 책을 읽을 때마다 줄을 치며 읽게 된다.

"흙은 초겨울 서리에 굳어지고 봄 서리에 풀린다. 봄 서리는 초봄의 땅 위로 돋아나는 물의 싹이다. 그리움은 설명적 언어의 탈을 쓰고 있지 않다. 그리고 이 그리움의 길은 출구가 없다." 김훈의 『자전거 여행 1』을 읽으며 줄을 친 문장의 일부다. 어떻게 이런 문장을 만들어 낼 수 있는지 감탄사가 절로 나온다. 오래전 김훈 작가의 강연을 들을 기회가 있었는데 그토록 주옥같은 문장을 쏟아 내는 김훈 작가도 우리나라 말의 한계를 느낀다고 했다.

어휘력은 이해력이고 이해력은 독해력으로 이어진다. 독해력은 국어나 영어에서만 중요한 것이 아니다. 모든 과목에서 독해가 안 되면 이해하지 못하고 선생님은 열심히 설명하는데 멍하니 앉아 있을 수밖에 없다. 이렇게 중요한 독해력은 어휘력에서 출발하는데, 아이의 어휘력에 관심을 기울이는 부모는 많지 않다.

✽ 영유아기, 언어 자극으로 어휘력을 높여라

영유아기는 언어 발달이 가장 활발하게 이루어지는 시기인데 특히 3~5세에 폭발적으로 발달한다. '세 살 버릇 여든 간다.'는 속담처럼 이때 배운 말은 쉽게 고쳐지지 않는다. 다시 말하면 갓난아기 때부터 올바른 언어로 아기에게 지속해서 말을 걸어 주고 옹알이에 반응해야 한다.

생후 1~2개월 때는 엄마의 소리에 관심을 보여서 엄마가 말을 할 때 입술의 움직임을 바라보고 있다가 따라 하기도 하고 귀에 익은 소리를 들으면 즐거워한다. 기저귀를 갈 때, 우유를 먹일 때, 목욕할 때, 다양한 상황 속에서 아기에게 말을 걸어가며 언어 자극을 주고 좋은 이야기책을 많이 읽어 주면 아기의 어휘력은 상상 이상으로 풍부해진다.

소리는 태어난지 얼마되지 않아 나에게 왔다. 우리 아이들 다 키워 놓고 손자 같은 소리를 보니 너무나 사랑스럽고 예쁘고 귀여웠다. 하루하루 성장하는 모습이 너무 예뻐 천사 같은 모습으로 자는 소리를 보며 이렇게 사랑스럽고 예쁘고 귀여운 소리를 나에게 보내 주신 하나님께 감사 기도를 드렸다.

그런 마음은 소리와 함께 있는 동안, 알아듣지도 못하는 아이에게 끊임없이 이야기하는 것으로 표현되었다. 당시에는 내가 하는 이야기들이 소리의 어휘력에 영향을 미친다는 생각으로 교육적 차원에서 그렇게 한 것은 아니다.

큰 아이들과 함께 '한국잡월드'에 가서 큰 아이들이 직업 체험을 하는 동안 소리는 나와 함께 유아 놀이터에서 놀다가 기저귀를 갈아야 할 때가 되어 기저귀를 갈아 주며

"소리야, 기저귀가 젖어서 불편했지? 엄마가 금방 뽀송뽀송한 기저귀로 바꾸어 줄게. 그럼 기분이 상쾌해질 거야. 그러니까 조금 불편해도 참아 줘."

"그렇지! 그렇게 다리에 힘을 주면 엄마가 기저귀를 갈아 주기가 훨씬 쉽지. 이제 엄마가 기저귀를 쉽게 갈아 줄 수 있도록 하는 방법도 아는구나. 정말 대단한데."

"소리가 도와줘서 벌써 다 갈았어. 어떠니? 상쾌하고 기분 좋지?"

라고 쉼 없이 이야기하며 기저귀를 갈아 주는 내 모습을 보고 함께 간 인솔 선생님이 엄마가 많은 이야기를 해 주어서 소리가 말을 잘 알아듣고 또 잘할 것이라고 했다. 그때까지는 내가 말을 많이 한다고 생각하지 않았다. 그저 기저귀를 갈고 우유를 먹이고 또 재우며 이야기해 주는 것이 좋아서 해 주었을 뿐인데 다른 사람이 보기에는 특별한 행동으로 보였던 것 같다.

❀ 어느 날 갑자기 어휘력이 풍부해지는 것이 아니다

말의 시작은 아이마다 차이가 크다. 어떤 아이는 15개월 만에 몇 단어를 말할 수 있는가 하면, 늦은 아이는 36개월이 훨씬 지나서야 두 단어 이상의 문장을 말하기 시작한다. 말이 늦더라도 언어 발달에 이상을 보이지 않는 경우가 대부분이며, 언어 지체를 의심해 봐야 하는 경우는 24개월이 되어도 엄마, 아빠와 같은 의미 있는 말을 못 하거나 만 3세가 되어도 간단한 문장을 구사하지 못하고 말귀를 못 알아듣는 것으로, 이때에는 전문가와 상담을 해 보는 것이 필요하다.

말의 시작이 빠르거나 늦는 것보다 더 중요한 것이 말귀를 알아듣느냐 못 알아듣느냐 하는 것이다. 아이가 학교에서 수학 공부를 못하면 보습학원에 보내 부진한 수학 공부를 가르치려고 한다. 이런 경우 문제와 지문을 이해하지 못해서 해결하지 못하는 경우가 많다. 국어는 물론 모든 과목에서 문제를 읽고 이해하는 것이 선행되어야 하는데 이해력 없이 공부하기 때문에 열심히 하는데 성적이 오르지 않는 일이 발생하는 것이다.

평소에 부모가 얼마나 많은 어휘를 사용하느냐에 따라 아이의 이해력은 달라진다. 이해력은 학습에만 필요한 것이 아니다. 자신과 타인의 감정을 이해하고 적절하게 표현하며 공감해 주는 것 또한 이해력에 해당된다.

완전방임으로 즐거운 집에 오는 아이의 경우 모든 감정을 화내는 것으로 표현한다. 기분이 나빠도 화를 내고 속상해도 화를 내며 슬퍼도 화를 낸다. 선생님은 아이가 왜 화를 내는지 몰라 당황하며 화를 낼 상황이 아닌데 화를 낸다고 야단을 치게 된다. 그것은 아이가 다양한 감정에 대하여 들어 보지 못했고 표현하는 방법을 알지 못하기 때문에 벌어지는 일이다.

감정을 표현하는 수백 개의 단어가 있다. 그중에 몇 개나 사용해서 내 감정을 표현하고 아이의 감정에 반응하며 공감해 주는가 생각해 보면 나 자신도 부끄러움을 느낄 만큼 몇 개 안 되는 단어로 수백 가지의 내 감정을 표현하고 있는 모습을 발견하게 된다. 이처럼 우리는 몇 개 안 되는 단어만을 사용하면서도 불편함 없이 살며 아이를 양육하고 있다.

사회는 점점 다양화되고 세분화되며 복잡해지고 있다. 이런 사회에서 나와 타인을 이해하는 것은 선택이 아닌 필수다. 아이의 이해력을 높이기 위해 고액의 수강료를 내며 학원을 찾지 말고 일상생활 속에서 부모가 풍부한 어휘력을 사용하는 것이 더 필요하다. 어느 날 갑자기 어휘력이 풍부해지는 것이 아니다. 꾸준한 독서가 어휘력 향상의 지름길이다.

내 아이의
성장에 초점을 맞춰라

세상의 모든 아이가 똑같은 성장 속도를 갖고 태어나지는 않는다. 조금 빠를 수도 있고 조금 느릴 수도 있다. 확실한 것은 아이들은 언젠가는 특정한 발달 단계를 경험하게 될 것이라는 사실이다.

다른 아이가 아닌
내 아이의 성장에 초점을 맞춰라

아기가 태어나서 4개월 정도면 머리를 가눌 수 있고 누운 채로 좌우로 몸을 돌릴 수 있으며, 5개월 정도 되면 몸을 뒤집을 수 있게 된다. 그리고 6개월 정도 되면 등에서 복부로 뒤집으며 엎드린 채 양팔로 자신의 몸무게를 지탱할 수 있게 되고, 7개월 정도 되면 도움을 받아 앉게 되며, 8개월 정도가 되면 다른 사람의 도움 없이도 앉게 된다. 9개월 정도가 되면 기어 다니고 10개월 정도면 가구를 잡고 일어나서 12개월 정도면 뭔가를 잡고 걸어 다닐 수 있게 된다.

이것은 어디까지나 표준으로 제시되는 아기의 신체 발달 단계이다. 첫아기를 낳아 키우는 엄마는 이런 발달 단계에 민감하다. 아기 예방접종을 하기 위해 병원에 가면 또래 아기들이 모이게 되는데, 그때 다른 엄마가 안고 있는 아기의 행동을 관찰하며 몇 개월인지를 묻는다. 그리고 자기 아기와 비교해서 내 아기가 조금 더 빠른 것 같으면 기분이 좋아 흐뭇한 미소를 짓게 되고, 조금 늦는 것 같으면 왠지 뒤처지는 것 같아 마음이 불안하고 초조해진다. 이것이 엄마의 마음이다.

✾ 부모가 아이의 발달 단계를 인지해야 하는 이유

육아에 있어서 부모가 아이의 발달 단계를 인지하고 있는가는 참으로 중요하다. 아이의 발달 단계를 알지 못한다면 아기 때 신체적·정서적 욕구를 충족시켜 주던 습관대로 아이를 기르다가 단체 생활을 시작할 무렵에야 성급하게 자율성과 독립성을 키워 주느라 애를 먹기도 하고, 또 어떤 경우는 아기가 부모에게 신체적·정서적으로 완전히 의지해야 하는 시기에 제대로 반응해 주지 않아 아이의 정서와 성격에 심각한 장애를 일으켜 평생 그 후유증에 시달리게 될 수도 있다. 그러므로 아이가 성장함에 따라 어떤 단계로 발달하는지, 또 부모가 어떤 도움을 주어야 하는지 알아야 우리 아이가 몸과 마음이 건강하게 성장할 수 있도록 도와줄 수 있게 된다.

아이를 키우다 보면 여러 가지 문제로 고민에 빠지게 된다. 당장 병원에 달려가야 할 정도로 심각한 것에서부터 아이를 키우는 데 익숙하지 않아 부딪히는 사소한 문제까지 다양하다. 왜 아기가 이유 없이 울기만 하는지, 가만있지 않고 온종일 돌아다니려고만 하면서 대체 먹으려고 들지 않는지, 매번 짜증을 내는 이유

는 무엇인지, 왜 우리 아이만 유독 사회성이 부족해서 혼자 노는
지 등을 알 수 없어 엄마의 마음은 답답하기만 하다.

아이를 키우면서 평생 아무런 문제도 겪지 않는 부모는 없을 것
이다. 그런데 문제가 닥쳤을 때 지혜롭게 방법을 찾아가는 부모
가 있는가 하면, 어떤 부모는 자신과 아이 모두에게 크나큰 상처
를 남기기도 한다.

✾ 내 아이에게는 이렇게 못했는데…

나 또한 아이 둘을 키우면서 지우고 싶은 상처를 남긴 사람 중
의 한 사람이다. 큰아이는 마음이 여리고 약하지만, 인지 능력이
빨라 네 살 때 한글을 완전히 습득하고 다섯 살 때부터 동화책을
혼자 읽었다. 엄마 아빠가 일하느라 함께 놀아 주지 못해도 아이
는 칭얼대거나 보채지 않고 온종일 책을 가지고 놀았다. 그런 아
이가 고맙고 대견하다고 생각했다.

그러나 엄마 아빠는 항상 바쁘기 때문에 자기가 함께 놀아 달라
고 하면 안 될 것 같아 말을 하지 못했다는 것을 성인이 된 후에야
알았다. 내성적이고 조금은 소심한 아이의 마음을 헤아리지 못해
아이는 고독한 유년 시절을 보내야 했다.

작은아이는 엄마가 집에 있으면서 학교에 다녀오면 '잘 다녀왔
니?'하고 맞아 주고 간식을 챙겨 주기 간절히 원했다. 그런데 나

는 그 소원을 들어주지 못했다. 가난한 집안에서 태어나 하고 싶었던 공부를 하지 못했던 나는 내 아이만큼은 돈이 없어서 하고 싶은 공부를 하지 못하는 일이 없도록 하기 위해 열심히 일하느라 아이의 말에 귀 기울이지 않았던 것이다.

보통 사람보다 열 배는 예민하게 태어난 작은아이는 항상 일이 먼저인 엄마가 미웠고 싫었다고 한다. 어떤 사람들은 딸과 친구처럼 지내며 목욕도 같이 가고 시장도 같이 가는데, 나는 지금까지 작은아이와 함께 목욕탕에 가 본 적이 없다.

'즐거운 집 그룹홈'을 시작하면서 가장 힘들었던 것이 '내 아이에게는 이렇게 못 했는데'라는 죄책감이었다. 이미 성인이 되어 돌이킬 수 없다는 것을 알면서도 몇 년을 순간순간 죄책감에 시달리며 괴로워해야 했다. 그 모습을 지켜보던 지인이 그런 경험이 있었기 때문에 지금 아이들을 잘 돌볼 수 있는 것 아니겠냐며 하나님이 원장님의 자녀들을 잘 돌보아 주실 거라고 위로하는 말에 그렇게 되기를 바라는 마음으로 죄책감을 내려놓을 수 있었다.

✽ 평균이 내 아이에게 꼭 들어맞는 기준은 아니다

아이들이 자라고 배우는 순서는 비슷하지만, 성장 속도는 아이마다 큰 차이를 보인다. 주위의 다른 아이가 아니라 '내 아이'에게 일어나고 있는 상황과 발달에 초점을 맞춰야 한다. 요즘은 경쟁

시대라 어릴 때부터 옆집의 아이와 '내 아이'를 비교하곤 한다. 우리 아이는 아직도 누워만 있는데, 개월 수가 비슷한 옆집 아이가 기어 다니면 그때부터 부모의 마음은 초조해지고 심장 박동 수가 빨라진다. 그와 반대로, 옆집 아이보다 우리 아이의 성장 속도가 빠르면 부모는 안심하며 흐뭇한 미소를 짓기도 한다.

우리나라에는 아이가 태어나면 만 6세가 될 때까지 6개월에 한 번씩 영유아 건강검진을 받아 성장 과정을 체크하게 되어 있다. 그때 아이의 성장 정도를 엄마가 체크해서 가져가는 문진표가 있는데 어떻게 체크해야 할지 망설이게 된다.

대근육 운동

1	한발로 2~3 발자국 뛴다.	③②①⓪	4	굴러가는 공을 발로 세운다.	③②①⓪
2	서 있는 자세에서 머리 위로 팔을 높이 들어 공을 2미터 이상 앞으로 멀리 던진다.	③②①⓪	5	2미터 거리에서 테니스 공 크기의 공을 던지면 두 손으로 잡는다.	③②①⓪
3	아무것도 붙잡지 않고 한발씩 번갈아 내딛으며 계단을 내려 간다.	③②①⓪	6	공을 바닥에 한 번 튐길 수 있다.	③②①⓪
			7	무릎 아래 높이로 매어져 있는 줄을 뛰어 넘을 수 있다.	③②①⓪
			8	줄넘기를 1회 한다	③②①⓪

③ 잘할 수 있다 ② 할 수 있는 편이다 ① 하지 못하는 편이다 ⓪ 전혀 할 수 없다

이번에 59개월 된 아이의 건강검진을 받으며 '대근육 운동' 부분에 이렇게 체크했다가 인지 능력이 정상인데 '대근육 운동' 능력을 인색하게 체크하는 바람에 아이를 정박아로 만들 일 있느냐고 혼

낫다. 건강검진은 평생 기록으로 남는 것인데 어떻게 엄마가 아이의 발달 정도를 이렇게 체크할 수 있느냐는 것이다. 8개 항목 중 두 개 항목은 아이와 해 보지 않아서 잘 못하고 나머지는 할 수 있는 편이라고 체크했는데 정박아 수준으로 나온다면 할 수 있는 정도를 잘한다고 체크해야 하나 하는 생각이 들었다.

공을 던지고 받고 하는 것을 해 본 아이와 해 보지 않은 아이, 줄넘기를 해 본 아이와 해 보지 않은 아이가 있는데 다섯 살 아이가 어떻게 줄넘기를 할 수 있고 큰 공도 아닌 테니스공을 던졌을 때 받을 수 있는지를 통해 대근육 발달 정도를 판단한다는 것인지 조금 납득이 가지 않았다. 건강검진 결과가 평생 기록으로 남는다고 하니 아이의 건강검진을 위해 항목별로 연습을 시키든지 아니면 거짓말로 모두 잘할 수 있다고 체크를 해야 할지도 모르겠다.

세상의 모든 아이가 똑같은 성장 속도를 갖고 태어나지는 않는다. '평균'이라는 일반적인 기준이 있는 것은 사실이지만, 이것은 어디까지나 일반적인 기준일 뿐 내 아이에게 꼭 들어맞는 기준은 아니다. 조금 빠를 수도 있고 조금 느릴 수도 있다. 확실한 것은 아이들은 언젠가는 특정한 발달 단계를 경험하게 될 것이라는 사실이다.

❋ 아이 마음속에 육아의 정답이 있다

『엄마가 모르는 아이의 발달 단계』라는 책의 저자 린다 블레어는 아이 마음속에 육아의 정답이 있다고 말한다. 임상 심리 전문가이자 저명한 발달심리학자인 저자는 30년 넘게 상담과 연구를 통해 위로와 도움이 필요한 수많은 가족을 만나 왔고, 낭포성 섬유증과 아스퍼거 증후군이라는 질병을 앓는 두 아이가 질병을 꿋꿋하게 이겨 낼 수 있도록 헌신적인 도움을 아끼지 않았던 이야기를 책을 통해 풀어낸다.

저자는 아이의 부족한 부분을 문제점이라고 단정 짓고 고민하기 전에 아이의 눈높이에서 세상을 보는 노력을 하는 것이 가치 있는 일이라고 말한다. 그럼에도 우리는 아이들이 잘 모른다고 생각하고 모든 것을 가르치려고 한다. 심지어 아이의 생각이나 감정까지 부모가 원하는 대로 할 수 있다고 착각한다.

아이를 다 키워 사회에 내보낸 어른들은 하나같이 마음대로 안되는 것이 자식이라고 말한다. 그때에야 부모라고 해서 아이를 마음대로 좌지우지할 수 없다는 것을 알게 되는 것이다. 다른 아이가 아닌 내 아이의 성장 속도에 맞추어 여유 있는 마음으로 아이와 함께한다면 돌이킬 수도 없고 두 번 경험할 수도 없는 시간을 아이와 공유하는 행복한 추억으로 만들어 가게 될 것이다.

성장 단계에 따라
사랑 표현도 달라져야 한다

　사랑이란 어떤 사람이나 존재를 몹시 아끼고 귀중히 여기는 마음, 또는 그런 일을 의미한다. 많은 사람이 '사랑'이라는 단어를 떠올렸을 때 이성 간의 사랑을 생각하지만, 사랑에는 이성 간의 사랑뿐만 아니라 친구 간의 사랑, 부모와 자식 간의 사랑 등 여러 가지 종류의 사랑이 존재한다.

　이렇게 다양한 사랑 중에 나는 아이를 어떻게 사랑하고 있는 것일까? 일반적으로 부모라면 모두가 자녀를 아가페 사랑으로 사랑한다고 생각하지만 마니아적인 사랑을 하는 부모도 의외로 많다. 내 아이가 잘되기를 바라는 마음이 강하다 못해 집착으로 이어지기 때문이다. 사랑은 give and take가 아니다.

　성경 말씀 중에 사랑 장이라고 말하는 고린도전서 13장에는 '사랑은 오래 참고 사랑은 온유하며 시기하지 아니하며 사랑은 자랑하지 아니하며 교만하지 아니하며 무례히 행하지 아니하며 자기의 유익을 구하지 아니하며 성내지 아니하며 악한 것을 생각하지 아니하며 불의를 기뻐하지 아니하며 진리와 함께 기뻐하고 모든 것을 참으며 모든 것을 믿으며 모든 것을 바라며 모든 것을 견디느니라.'라고 나와 있다. 성인들의 사랑도 그러해야 하지만 특히 아이에 대한 사랑이 그래야 한다.

❀ 접촉 위안의 중요성, 포대기의 지혜

원숭이는 뛰어난 지능으로 인간에게 좋은 실험 및 연구 대상으로 여겨졌다. 분야도 유전학, 심리학, 의학, 우주산업 등 다양했다. 심리학에 있어 대표적인 실험은 1958년에 있었던 해리 할로우의 '헝겊 엄마, 철사 엄마' 실험이다.

애초 연구자들은 어미 없는 원숭이가 필사적으로 이불을 끌어안는 것에 착안해 원숭이의 애착 관계는 어미 원숭이가 젖을 주기 때문이라고 생각했다. 할로우는 한쪽은 철사로 만들어져 있지만, 젖병을 끼운 '젖을 주는 가짜 어미'와 헝겊으로 만든 '따뜻하지만, 젖이 없는 가짜 어미'를 새끼 곁에 뒀다.

예상과 달리 새끼는 우유를 먹을 때를 제외하곤 헝겊 엄마의 곁에서 더 많은 시간을 보냈다. 이를 통해 아기가 엄마를 좋아하는 이유가 접촉 위안 때문임이 밝혀졌고, 이후 사람의 정서·인지·사회적 발달 등에 접촉 위안이 중요하다는 사실도 확인됐다.

아이들도 마찬가지다. 엄마의 따뜻한 품속에서 안정감을 느낀다. 거기에는 조건이 붙을 수 없다. 보호받아야 하는 아이라는 것 하나만으로 엄마 품속에서 안정감을 느끼며 성장할 수 있도록 해야 한다.

이런 면에서 우리 조상들의 지혜를 엿볼 수 있는 것이 포대기를 이용하여 아이를 업는 것이다. 일을 하며 예닐곱 명의 아이를 키워야 했던 어머니는 아기를 등에 업고 집안일이며 밭일을 하셨다. 아기는 등을 통해 엄마의 따뜻한 체온을 느끼며 놀다가 잠이 들었다. 그러다 큰아이가 조금 성장하면 동생을 업어 주는 일을 맡았다.

나 또한 초등학교에 가야 할 나이에 동생을 업어 줄 사람이 없어 동생을 돌보다 아홉 살이 되어서야 학교에 입학했다. 그렇게 성장한 아이들은 서로를 의지하고 사랑하며 형제애를 나누는 가족이 되었다.

❁ 다섯 가지 사랑의 언어

요즈음은 한 자녀 혹은 두 자녀를 낳는 가정이 많고 아이를 양육하는 태도나 사랑을 표현하는 방법도 다양하다. 엄마는 사랑이라고 표현하는데 아이는 집착으로 받아들이는 경우도 있다. 그렇다면 어떻게 사랑해야 사랑이라고 받아들일 수 있을까. 『5가지 사랑의 언어』라는 책의 저자 케리 채프먼은 사랑에는 5가지 언어가 있다고 말한다.

1 - 인정하는 말
2 - 함께하는 시간
3 - 선물
4 - 봉사
5 - 스킨십

이렇게 다섯 가지 언어 중에 사람마다 제1의 사랑의 언어가 다르다. 남편과 나는 사랑의 언어가 달라 서로 불편한 적이 한두 번이 아니다. 그동안은 생각이 달라도 너무 다르다고 생각했는데 『5가지 사랑의 언어』를 읽고 남편과 내가 제1의 사랑의 언어가 달라서 그럴 수밖에 없었다는 것을 이해하게 되었다.

예를 들면 남편은 함께하는 것을 좋아한다. 신혼 초에는 어디를 가더라도 함께 가자고 해서 나를 너무 사랑해서 그런가 보다 생각하고 따라다녔는데, 한번은 부부 동반 모임이라고 해서 갔더니 모두가 남자고 여자는 나 혼자여서 민망했던 때도 있었다. 그뿐만 아니라 해마다 생일이 되면 내 나이만큼의 장미꽃을 담은 꽃바구니가 배달되기도 하고 고급스러운 스카프를 선물로 받기도 한다. 올해는 마스크팩이 한 박스 택배로 왔는데 그런 선물을 받으면 감동하고 행복해하며 남편에게 고맙다고 해야 하건만 나에게는 그 정도의 감동이 없다.

남편은 그런 나를 보고 해 주어도 감동이 없다고 불평하기 일쑤다. 그도 그럴 것이, 나는 몸에 뭘 끼고 걸치고 붙이는 것을 불편해한다. 애초부터 화장하는 것에는 관심조차 없다는 것을 왜 모를까. 스카프는 그대로 장롱으로 들어가 몇 년째 자리보전하고 있고 마스크팩은 유통기한이 지나면 사용할 수 없을 텐데 어떻게 처리할까 고민 중이다.

그렇다면 나의 제1의 사랑의 언어는 무엇일까? 나는 어떤 때 사랑이라는 감정을 느끼는가 생각해 보면 함께하는 시간도 선물도, 봉사도, 스킨십도 아닌 인정하는 말인 것 같다. 누군가가 나를 인정해 주었을 때 나는 가장 행복하다. 함께하는 시간을 가장 좋아하고 여자는 선물을 가장 좋아할 거라고 생각하는 남편에게 아무리 나는 선물 받는 것보다 나를 나로 인정해 주는 것을 원한다고 해도 이해하지 못한다.

❀ 내 아이의 제1의 사랑의 언어는 무엇일까

태어나면서부터 3~4세까지의 아이에게는 스킨십이 안정감을 주고 사랑받는다는 것을 느끼게 해 준다. 그러나 성장하면서 아이마다 사랑의 언어가 달라진다. 어떤 아이는 인정하는 말을 했을 때 가장 기뻐하고 또 다른 아이는 선물 받는 것을 가장 좋아하는가 하면 또 다른 아이는 함께 있는 시간을 통해 사랑을 확인하고 행복해한다.

물론 한 가지만이 그 사람의 사랑의 언어는 아니다. 스킨십도 좋아하고 선물도 좋아할 수 있고 함께 있는 시간을 좋아하고 인정하는 말을 좋아할 수도 있다. 그중에서도 가장 가슴 뛰게 행복을 느끼는 것이 무엇인가 하는 것이다.

성경에서는 믿음, 소망, 사랑 이 세 가지는 항상 있을 것인데 그중에 제일은 사랑이라고 말하고 내가 사람의 방언과 천사의 말을 할지라도 사랑이 없으면 소리 나는 구리와 울리는 꽹과리가 된다고 말한다. 내가 아이를 잘 가르쳐 좋은 대학에 보낸다고 할지라도 사랑이 없으면 그 아이 또한 사랑할 줄 모르거나 사랑에 집착하는 어른이 될 가능성이 높다.

내 아이의 제1의 사랑의 언어가 무엇인가를 알고 그 언어로 말할 때 아이는 충분히 사랑받고 있다는 것을 느끼며 성장하여 사랑하고 사랑받을 줄 아는 건강한 어른으로 성장하게 될 것이다.

번데기는 껍질을 벗고 나와야
나비가 된다

시골에서는 봄이 되면 훨훨 날아다니는 나비를 쉽게 볼 수 있다. 겨우내 나뭇가지에 대롱대롱 매달려 있던 번데기가 어느 순간 나비가 되어 날아다니는 것을 보면 신기하기도 하고 왠지 기분이 좋아진다. 전라남도 함평에서는 이렇게 사람들의 마음을 사로잡는 나비를 지역사회 관광 상품으로 개발했다.

해마다 4월 말에서 5월 초에 다양한 종류의 수십만 마리의 나비와 꽃이 어우러지는 함평 나비 축제가 열리는데, 2018년에 20회를 맞아 '함평 나비 청년이 되어 세계를 비상하다'라는 주제로 축제가 열렸다. 수많은 사람이 아이들과 함께 축제장을 찾아 꽃과 어우러지는 다양한 종류의 나비를 보고 즐기지만, 애벌레가 나비가 되기까지의 과정을 생각하는 사람은 그다지 많지 않다.

나비 애벌레는 어느 정도 자라면 허물벗기를 반복하다 5령이 되어 어느 시기가 되면 활동량이 줄어들고 번데기가 된다. 이 단계를 '용화'라고 하는데 이 시기가 되면 애벌레는 조용한 곳으로 가서 몸속에 형태를 갖춘 번데기로 탈바꿈하고 허물을 벗는다. 그리고 번데기가 되면 안쪽에서 성충의 모습을 갖추게 되는데 내장기관과 배설기관은 이미 만들어져 있기 때문에 별다른 변이는 하지 않지만, 입과 눈 그리고 외골격과 날개 등을 만들게 된다.

❀ 번데기 속에서 나비가 되어 비상하는 꿈을 꾸다

사람도 태아기부터 영유아기를 지나 아동기를 거치며 조금씩 세상을 향해 나아가다 청소년기가 되면 질풍노도의 시대라고 할 만큼 몸과 마음의 급격한 변화를 겪으며 성인이 되어 간다. 이런 과정을 거치며 다양한 변화를 경험하게 되는데, 어떤 경험을 어떻게 하느냐에 따라 세상 속으로 당당하게 나가는 사람이 있는가 하면 그렇지 못 한 사람도 있다.

지금의 내 모습을 보는 사람들은 과거에도 지금처럼 씩씩하고 당당하며 용감했을 것이라고 생각한다. 마음이 여리고 약한 데다 눈물이 많아 큰 소리만 나도 눈물부터 흘리고 팔에 힘이 없어 물 한 양동이도 들지 못했다고 하면 상상이 안 된다고 말한다. 그런데 사실이다.

나의 어린 시절을 생각하면 가장 먼저 떠오르는 것이 하얀 눈이 무릎까지 쌓인 길을 아버지께서 나를 업고 병원으로 달려가던 모습이다. 의식이 가물거리면서도 눈부시게 반짝이던 햇빛은 또렷이 기억 속에 남아 있다. 유난히 잔병치레를 많이 했던 나는 결혼하기 전까지 밥도 안 해 보고 빨래도 안 해 보았다. 팔에 힘이 없고 자주 아파 온 가족의 보호 대상이었고 언제나 힘든 일에서 열외였다. 거기에다 마음조차 여리고 약해 조금만 큰 소리가 나도 눈물부터 흘리는 그런 아이였다.

그런 내가 강해질 수 있었던 것은 순전히 남편 덕분이다. 남편은 가난한 농부의 넷째 아들로 태어나 학비를 낼 수 없는 가정형편으로 운동을 하면서 장학금을 받아 학교에 다닌 사람이다. 그러다 보니 감정이 상하면 말이 거칠고 험했다. 아무리 화가 나도 처자식에게 저렇게 말을 하나 싶을 정도인데 마음이 여리고 약한 나는 대들며 싸우지도 못하고 이불 속에서 혼자 울었다. 남편이 '바보 멍청이', '미련 곰탱이'라는 말을 자주 사용했는데 그때마다 언젠가 내가 바보 멍청이가 아닌 것을 보여 주겠다는 생각을 하며 견디었다.

그러다 2005년 1월, 남편과 싸우고 야밤에 혼자 해운대(신혼여행 간 곳)를 찾았는데 칼바람이 몰고 온 검은 파도를 바라보며 영화의 한 장면처럼 파도 속으로 뚜벅뚜벅 걸어 들어가고 싶었다. 그때 떠오른 두 아이가 길을 막아섰고, 나는 검은 바다를 건너 휘몰아치는 바람을 맞으며 백사장을 걷는 것으로 다시 태어났다.

당시 내 나이 마흔넷, 초심으로 돌아가 다시 시작하리라 다짐하고 올라왔는데 해운대를 찾기 이전의 나와 이후의 나는 완전히 달랐다. 내가 생각해도 놀라울 만큼 강하고 담대해졌고 두려운 것이 없었다. 그동안 나는 번데기 속에서 나비가 되어 비상하는 꿈을 꾸며 준비됐는지도 모른다.

✱ 닉 부이치치, 절망 가운데서 희망을 찾다

2013년 두란노 출판사에서 『닉 부이치치의 플라잉』이라는 책이 출판되고 저자가 한국을 방문하여 서빙고동에 있는 온누리교회에서 열리는 드림 콘서트와 컴패션 콘서트에서 강의하고 반디앤루이스 센트럴시티점, 교보문고 광화문 점에서 사인회를 열었다. 당시 두란노 출판 서평단으로 활동하며 책을 읽게 되었고 '즐거운 집' 아이들에게 팔다리가 없지만 당당하게 살아가는 '닉 부이치치'를 만나게 해 주고 싶어서 사인회에 참석 신청하고 반디앤루이스 센트럴시티점을 찾았다.

한 시간 전에 도착했지만, 줄이 길게 늘어서 있어 안내하는 분들이 만나지 못할 수도 있다고 말했다. 아이들을 데리고 안성에서 갔다가 못 만나고 올까 봐 걱정했는데 다행히 만나서 사진도 찍고 사인도 받을 수 있었다. 여섯 살이던 막내는 짧은 팔이 신기했는지 가만히 만져 보았다. 스텝이 서둘러 못 만지게 하려는 순간 '닉 부이치치'는 돌아보고 웃으며 눈인사를 건넸다.

'닉 부이치치'는 세르비아 출신의 신실한 목회자인 아버지 보리

스와 어머니 두쉬카 사이에서 장남으로 태어나서 부모의 전폭적인 지원과 사랑 아래 양육받았다. 부모의 교육 철학으로 비장애인이 다니는 중·고등학교를 다니며 학생회장을 지냈고, 호주 로건 그리피스 대학에서 회계와 경영을 전공했다.

여기까지만 보면 '비록 팔다리가 없이 태어나기는 했지만 밝고 건강하게 성장해서 많은 사람에게 희망의 메시지를 전달하는 일을 하는구나!' 생각할 것이다. 그러나 그에게도 힘들고 어려웠던 시절이 있었다. 초등학교에 입학하면서 괴물이나 외계인이라는 놀림을 받은 그는 한없이 슬프고 우울하며 부정적인 생각에 사로잡혀 세 번이나 자살을 시도했다. 그런 그가 절망 가운데서 희망을 찾아 도전하기 시작하면서 달라졌다.

그는 비장애인도 오랜 훈련을 해야 가능한 스케이트보드를 타고, 서핑을 하며, 드럼을 연주하고, 골프공을 치고, 컴퓨터를 한다. 현재 전 세계에 희망의 메시지를 전할 목적으로 세워진 LIFE WITHOUT LIMBS(사지 없는 삶) 대표로 전 세계를 다니며 희망의 메시지를 전한다. 그야말로 껍질을 벗고 나와 전 세계를 훨훨 날아다니며 희망을 전하는 호랑나비이며 그의 날갯짓은 나비효과를 일으키고 있다.

❀ 누구에게나 힘들고 어려운 순간들이 있다

나비는 하루아침에 나비가 되는 것이 아니다. 애벌레가 잘 먹고 다섯 번의 허물을 벗고 번데기가 되어 추운 겨울을 견디어 내야 다음 해 봄 나비가 된다. 번데기에서 나비가 되기까지 나비의 종류에 따라 8개월에서 10개월이 걸리며 알에서 어른벌레가 되는데 무려 2년이 걸린다. 추운 겨울을 이겨 내는 10개월의 시간이 없다면 나비는 이 세상에 태어날 수 없다.

마음이 여리고 약하여 눈물 많던 내가 당당하게 살 수 있는 것도 굴곡진 삶을 살며 견디어 낸 시간이 있었기 때문이다. 그 시간을 나의 부족함에 눈을 맞추고 불평하며 살았다면 오늘의 나는 존재하지 않을 것이다. 번데기가 추운 겨울을 이겨 내며 번데기 안에서 외골격과 날개를 만들며 껍데기를 깨고 나갈 날을 준비하듯 나 또한 희망을 품고 준비하며 살아온 시간이 있었기에 한 마리 나비가 되어 희망의 삶을 살게 된 것이다.

누구에게나 힘들고 어려운 순간들이 있다. 그 순간에 무엇을 바라보고 어떻게 견디어 내느냐에 따라 결과는 엄청나게 달라진다. 급변하는 현대 사회의 소용돌이 속에서도 상위 1%에 속하는 사람들은 살아갈 길을 모색하여 나아가지만, 평범하게 살아가는 사람들은 무엇을 어떻게 준비해야 하는지도 모르고 설사 안다고 해도 도전하기를 두려워한다.

위기가 기회라는 말처럼 청년실업률은 올라가고 빈부격차는 점점 벌어지며 살아갈 희망이 없는 것 같은 상황이지만 분명 기회는 있다. 삶이 지치고 힘들다면 나비가 되어 하늘을 날기 위해 지금 이 순간 무엇을 준비해야 하는가를 생각하며 준비한다면 때가 되었을 때 껍질을 벗고 나와 하늘을 훨훨 나는 멋진 나비가 되리라 믿는다.

아이의 성장 단계에 따라
바운더리를 넓혀라

한 아기가 태어나면 온 가족의 생활 리듬이 달라진다. 처음에는 시도 때도 없이 우는데 왜 우는지 알지 못해 우유를 먹이고 기저귀를 갈아 주거나 그래도 그치지 않으면 요람에 눕히고 가만가만 흔들어 준다. 그러다 새근새근 잠이 들면 혹여 깨지나 않을까 조심조심 까치발로 방을 나온다. 그리고 모든 가족이 아기가 잘 자도록 주의한다.

혹여 아기가 아파서 열이 나면 밤잠 못 자고 아기 곁에서 졸다 깨다를 반복하며 아기의 상태를 살피는 것이 엄마다. 1930년대에 양주동의 시에 이흥렬이 곡을 붙인 「어머니 마음」은 그런 어머니의 마음을 고스란히 담고 있어 노래를 부르다 보면 나도 모르게 눈물이 흐른다.

1절 : 낳으실 제 괴로움 다 잊으시고 기를 제 밤낮으로 애쓰는 마음 진자리 마른 자리 갈아 뉘시며 손발이 다 닳도록 고생하시네. 하늘 아래 그 무엇이 넓다 하리오. 어머님의 희생은 가이 없어라.

2절 : 어려선 안고 업고 얼려 주시고 자라선 문 기대어 기다리는 마음 앓을 사 그릇
　　될 사 자식 생각에 고우시던 이마 위에 주름이 가득 땅 위에 그 무엇이 높다 하
　　리오. 어머님의 정성은 지극하여라.

3절 : 사람의 마음속엔 온 가지 소원 어머님의 마음속엔 오직 한 가지 아낌없이 일
　　생을 자식 위하여 살과 뼈를 깎아서 바치는 마음 이 땅에 그 무엇이 거룩하리
　　오. 어머님의 사랑은 그지없어라.

아이가 성장하는 것과 상관없이 엄마의 마음속에서는 항상 부족하고 연약하고 돌보아 주어야 하는 자식으로 자리 잡고 있다. 아이가 성인이 되고 엄마는 쇠약해져서 자기 한 몸 건사하기도 버거운 생활 가운데서도 자식이 행복하게 잘 사는지 걱정하며 잠 못 이루는 것이 엄마의 마음이다.

✽ 그런 어머니가 계셨기에 오늘의 내가 있다

그러고 보면 나는 엄마의 마음을 무던히도 안타깝게 한 자식이다. 어려서는 멸치 한 마리만 먹어도 체해서 얼굴이 하얗게 되고 의식을 잃어 가면 아버지는 나를 업고 비포장도로를 8㎞나 달려 읍내에 있는 병원에 갔다. 수시로 목이 부어 밥도 못 먹고 펄펄 열이 나서 모든 가족을 긴장하게 했던 것이 한두 번이 아니다.

그러다 보니 초등학교에 들어가기 전부터 동생을 업어 주고 낫을 들고 보리를 베던 시절에 나는 항상 열외였다. 아무것도 하지

않아도 좋으니 아프지만 말아 주기를 바랐고, 그런 마음은 어머니뿐 아니라 언니와 동생들에게도 고스란히 각인되었다.

그런 내가 중학교를 졸업하고 고등학교에 보내 줄 수 없다는 부모님 말씀에 공부하고 싶다고 언니를 따라 서울에 와서 4년 동안 집에 내려가지 않았으니 그때 어머니의 근심 걱정이 얼마나 컸을까 생각하면 죄송하고 미안한 마음이다. 전화가 없어 가끔 편지로 소식을 전하기는 했지만 병약한 어린 딸이 걱정되어 잠 못 이루시고 새벽이면 정화수 떠 놓고 기도하셨다고 한다. 그렇지만 어머니는 나를 어머니 곁에 머무르게 하지 않으셨다.

그런 어머니가 계셨기에 오늘의 내가 있다. 공부하고 싶다고 했을 때 몸도 약한데 아무도 없는 서울에 가서 어떻게 공부를 하겠냐고 만류하셨다면, 다양한 환경에서 크고 작은 상처를 받고 즐거운 집에 온 아이들의 마음을 헤아리지 못했을 것이다. 지금도 친정에 가면 어머니를 비롯한 언니와 동생들은 올 때 차멀미는 안 했는지 묻고 자리에 앉아 쉬기를 권한다. 지금의 나만을 아는 사람들은 이해할 수 없다고 말하지만, 우리 가족에게는 지금도 나는 연약하고 보호해야 하는 존재로 남아 있다.

❄ 헬리콥터 맘과 캥거루족

그때와 지금은 아주 다르다. 예닐곱 명의 형제가 북적대며 살았던 때와 달리 요즈음은 한두 자녀만을 낳아 키우거나 아예 자녀를 낳지 않는 가정도 많다. 그러다 보니 자녀가 더욱 귀하고 소중하여 스스로 무엇인가를 하도록 내버려 두기가 쉽지 않다. 엄마는 아이의 매니저가 되어 모든 스케줄을 관리하고, 아이는 엄마가 짜 놓은 스케줄에 따라 학원에 가고 과외를 하는 경우도 있다.

평생을 자녀 주위를 맴돌고 아이의 일이라면 무엇이든지 발 벗고 나서며 자녀를 과잉보호하는 엄마들을 '헬리콥터 맘'이라 지칭한다. 헬리콥터 맘이라는 개념은 우리나라 교육에 있어 엄마들의 뜨거운 교육열의 단면을 가장 잘 나타내 주는 치맛바람에서 파생된 것으로, 착륙 전의 헬리콥터가 뿜어내는 바람이 거세듯 거센 치맛바람을 일으키며 아이 주위에서 맴도는 어머니를 빗댄 용어다.

어릴 때부터 학습 매니저가 된 헬리콥터 맘은 대학교에 들어간 장성한 아이의 일거수일투족까지도 참견하는 경우가 많다. 아이의 숙제를 대신해 주거나 학교 측에 사사건건 간섭하기도 하며, 아이가 대학을 졸업하고 취직을 하기 위한 면접을 보러 갈 때도 차에 태우고 면접시험장까지 같이 간다. 그리고 사회인이 되어 취직하게 되면 아이의 경력 관리에 나서고 부서 배치를 조정하려고도 한다. 설마 그런 엄마가 있으랴 싶지만 실제로 존재한다.

그런 엄마들은 학교를 졸업해 자립할 나이가 되어도 부모에게 경제적으로 기대어 사는 '캥거루족'이라 불리는 젊은이가 된 아이를 데리고 산다. 유사시 부모라는 단단한 방어막 속으로 숨어 버린다는 뜻으로 '자라족'이라고도 하는 젊은이들은 경제적·정신적으로 부모를 의지하고 살아간다.

일본에서는 1990년대에 문제가 됐던 20~30대의 캥거루족의 상당수가 35~44세 연령대의 중년이 되어서도 부모에게 의존하는 중년 캥거루족으로 남아 있는 것으로 나타났다. 이들을 '기생(寄生:parasite) 독신'이라고 하는데 우리나라의 헬리콥터 맘들이 중년 캥거루족의 아이와 함께 살지 않는다는 보장은 없다.

❀ 광야 같은 세상에서 홀로 살아갈 수 있도록

갓난아기 때는 엄마가 모든 것을 다 해 주지만, 아이의 성장 단계에 따라 바운더리를 넓혀 아이 스스로 할 수 있는 일들을 늘려가야 한다. 스스로 밥을 먹겠다며 수저를 잡고 밥을 먹는다는 것이 절반은 흘려 식탁이며 옷을 다 어지럽힐 때 참고 기다리면 어느 순간 아이는 흘리지 않고 스스로 밥을 먹을 수 있게 된다. 조금 더 성장하면 도움 없이 양치질하고 옷을 입으며 지퍼를 올리고 단추를 잠그게 된다.

초등학교에 입학하면 그날 해야 하는 숙제를 하고 다음 날 시간표에 맞추어 책과 준비물을 챙겨야 한다. 그런데 아이가 하는 것이 맘에 들지 않는 엄마는 아이의 가방을 뒤집어 엄마 스타일대로 정리해 준다. 대여섯 살이 되어도 밥을 먹여 주고 초등학교에 입학해서도 책가방을 챙겨 준다면 헬리콥터 맘으로 발전할 소지가 다분하다.

즐거운 집 선생님 중에도 아이가 학교에 갔다 오면 가방부터 뒤져 안내장을 꺼내고 알림장을 확인하는 경우가 있다. 나는 그렇게 하지 말고 아이 스스로 안내장을 꺼내 놓고 알림장을 보고 그날 숙제와 다음 날 준비물을 챙기도록 하라고 한다. 때로는 아이가 준비물을 챙기지 못하고 안내장을 안 가져오거나 준비물을 놓고 가는 경우가 있다.

설사 준비물을 챙기지 않아 담임선생님께 혼나고 수업에 제대로 참여할 수 없는 상황이 발생한다고 해도 아이 스스로 챙기는 게 습관이 되어야 성인이 되어 자기 일을 스스로 하는 건강한 사회 구성원으로 살아갈 수 있기 때문이다. 특히 즐거운 집에서 성장하는 아이들은 만 18세가 되면 집을 떠나 스스로 살아가야 한다. 광야 같은 세상에서 홀로 살아갈 수 있도록 성장 단계에 따라 바운더리를 넓혀 가며 자기 할 일을 스스로 하도록 훈련한다.

이는 비단 즐거운 집 아이들에게만 필요한 것은 아니다. 부모가 항상 모든 도움을 줄 수 없을 뿐만 아니라 세월이 가면 몸이 쇠약해지는 것은 당연하다. 그런 부모를 봉양하는 것이 자식인데 봉양은커녕 도움을 받기 원하는 자식이라면 그렇게 키운 부모의 잘못이 더 크다고 볼 수 있다.

이제부터라도 아이의 성장발달 단계에 따라 바운더리를 넓혀 가며 아이가 할 일은 스스로 할 수 있도록 습관을 길러 주는 것만이 부모와 아이 모두에게 행복한 미래를 준비하는 보장보험이 되어 줄 것이다.

항해는 귀향할 때
성공 여부를 알 수 있다

1. 항상 긍정적인 생각을 한다.
2. 잘못을 용서하되 잊지는 않는다(일제 만행 같은 경우).
3. 사실을 숨기지 않는다.
4. 서로의 모습을 있는 그대로 인정한다.
5. 자기가 가장 배우고 싶은 것을 배운다.
6. 건강을 위해 한 가지 운동을 한다.
7. 자기가 사용한 물건은 제자리에 놓는다.
8. 다른 사람의 입장을 생각하며 행동한다.

아빠 생각이 바뀌면 생동이 바뀌고 행동이 바뀌면 습관이 바뀐다.
습관이 바뀌면 인격이 바뀌고 인격이 바뀌면 인생이 바뀐다.
인생이 바뀌면 죽음도 아름답다.

엄마 아름다운 얼굴이 추천장이라면 아름다운 마음은 신용장이다. - 불바리톤

큰아이 항해는 출항할 때가 아니라 귀향할 때 성공 여부를 알 수 있다.

작은아이 내 사전에는 불가능이란 없다. - 나폴레옹

2004년 8월 5일에 작성한 가족 사명 선언서다. 당시 큰아이가 고등학교 3학년이었는데 수능을 앞두고 수능 결과가 곧 성공 여부를 가릴 수 있는 것은 아니라는 이야기를 하고 싶었는지도 모른다.

✳ 이순의 나이에 접어들며 깨달은 점

나는 그 나이에 대학에 진학하는 친구들을 보며 고등학교 졸업 자격도 얻지 못한 내 모습이 너무나 초라하고 자존심 상해 친구들과의 관계를 단절했었다.

그런데 남의 말을 받아들일 줄 안다는 이순의 나이를 바라보는 지금, 큰아이의 말이 옳음을 깨닫게 된다. 배가 고기를 잡기 위해 항구를 떠날 때 만선을 기대하며 깃발을 높이 들고 뱃고동 소리 요란하게 울리며 출발한다 할지라도 귀향할 때 만선인지 아닌지를 알 수 있듯이 인생살이도 마찬가지다.

이순의 나이에 접어들면서 초등학교 동창회를 찾는 친구들이 많아졌다. 자녀들이 성장해서 제 갈 길 가고 삶의 여유가 생겨 공유할 수 있는 아련한 추억이 있는 친구들을 찾게 하는 모양이다. 전라남도 영광의 두메산골에서 1960년대의 어려움을 함께해 온 친구들은 몇 십 년 만에 만나도 어제 만난 친구처럼 거리낌 없이 속살을 드러내고 담소를 나누게 한다.

젊었을 때는 대학을 졸업하고 부부 교사로 출발한 친구들은 성공한 것 같고 도피하다시피 가난한 농부의 아내가 된 나는 실패한 인생처럼 느껴졌는데 지금은 그 친구들이 오히려 나를 부러워한다. 인생사 새용지마라고 학교 다닐 때 예쁘고 공부도 잘해서 선생님의 사랑을 독차지하던 친구가 지극히 평범하게 살기도 하고, 코 흘리며 친구들에게 놀림을 받던 친구가 인정받고 존중받으며 살기도 하는 것을 보게 된다.

❀ 거목이 되어 다른 사람을 섬기라

세계 최고의 부자라고 할 수 있는 빌게이츠와 워런 버핏은 세계 최고의 부자라는 타이틀에 별 흥미를 느끼지 않는다. 부자라는 사실이 그들의 생활에 큰 변화를 주지 않기 때문이다. 둘 다 검소한 생활로 유명하지만, 특히 워런 버핏은 햄버거와 콜라를 즐겨 먹고 값싼 스테이크를 즐기며 오래된 중고 자동차를 직접 운전하고 다니고 40여 년 전에 3만 달러를 주고 산 집에서 여전히 살고 있다.

지금보다 더 많은 재산을 가져도 생활에는 큰 변화가 없을 것이며 반면 그 모든 부를 당장 잃어도 그리 바뀔 것 없다고 자신 있게 말하는 그들은 '성공이 무엇이냐?'는 질문에 똑같이 부와 명예와 출세가 아니라 '열정'이라고 말한다. 여기까지라면 '그렇게 돈이 많아도 검소하게 사는 사람이 있구나.' 정도로 마무리될 것이다.

두 사람의 이야기는 여기서 끝나지 않는다. 국제적 보건의료 확대와 빈곤 퇴치, 그리고 미국 내에서는 교육 기회 확대와 정보 기술에 대한 접근성 확대를 목적으로 2000년에 '빌&멀린다 게이츠 새단'을 설립하였으며 재정이 투명하세 운영되는 민간 재단 중 세계에서 가장 규모가 큰 재단으로 꼽히고 있다. 열정적으로 일해서 얻은 부를 인류를 위해 사용하여 지금의 존경받는 자리에 있을 수 있는 것이다.

사람에 따라 성공의 기준이 다르다. 부와 명예와 권력을 성공의 기준으로 생각하는 사람들이 많지만 빌게이츠와 워런 버핏처럼 열정을 성공의 기준으로 보는 사람도 있다. 2002년 동산고등학교 입학식에서 김인중 이사장님은 배워서 남 주자는 주제로 잘 배워서 좋은 실력을 쌓아 혼자 잘 먹고 잘사는 것은 아무 의미가 없는 삶이라고 말씀하시며, 실력을 인정받는 거목이 되어 다른 사람을 섬기는 일을 하라고 말씀하셨다.

거목이 되어 다른 사람을 섬기라는 말씀이 오래도록 기억에 남았다. 그리고 18년째 돌봄을 받지 못하는 아이를 위탁해 키우면서 그 의미가 무엇인지 알고 나니 오래전에 고등학교에 입학하는 학생들에게 그렇게 말씀하실 수 있었던 김인중 목사님을 존경하게 된다.

✱ 내 삶이 누군가에게 긴 여운으로 남는 삶이기를

성경 말씀에 보면 사도행전에 욥바에 사는 다비다(도르가)라는 여자에 대한 이야기가 나온다. 선행과 구제하는 일이 심히 많았던 다비다가 병들어 죽었는데 가까운 곳에 있는 베드로에게 사람을 보내어 데려온다. 그리고 도르가가 자기들과 함께 있을 때 어떻게 이웃을 섬기는 삶을 살았는지 이야기하며 울자, 베드로가 사람들을 다 내보내고 기도한 후 "다비다야, 일어나라." 하니 다비다가 일어났다는 이야기다.

다비다처럼 이웃을 섬기며 살다 세상을 떠나는 사람들의 죽음 앞에서 많은 사람은 그들의 죽음을 안타까워하고 슬퍼하며 오래도록 기억하고 그 뜻을 기린다. 그들이야말로 성공한 사람들이라고 할 수 있다. 부와 명예와 권력은 언제든 사라질 수 있지만, 누군가에게 베푼 사랑은 그 사람의 가슴에 오래도록 남기 때문이다.

어느 호스피스가 쓴 『짧은 만남 긴 여운』이라는 책 제목처럼 다른 사람들이 부러워하는 화려한 삶이 아닐지라도 내가 만나는 사람들에게 긴 여운으로 남을 수 있는 삶이라면 이미 성공한 삶이라고 말할 수 있을 것이다. 죽음 앞에 섰을 때 조금 더 많은 돈을 벌지 못해서 아쉽다거나 더 많은 지식과 명예를 얻지 못한 아쉬움을 토로하는 사람은 없다. 조금 더 사랑하며 살지 못한 것과 베푸는 삶을 살지 못한 것, 그리고 즐기는 삶을 살지 못했다는 아쉬움이 후회로 남는다고 한다.

항해는 귀향할 때 성공 여부를 알 수 있듯이 사람은 죽음 앞에 섰을 때 성공한 삶이었는지 평가받게 된다. 내 삶이 누군가에게 긴 여운으로 남을 수 있는 성공한 삶이기를 기도한다.

작은 습관 하나가
내 아이의 인생을 만든다

"탁월함은 습관이다."

- 아리스토텔레스 -

해마다 새해가 시작되면 새 다이어리에 올해 이루고 싶은 일들을 적어 놓고 혹 결심이 약해질까 염려하여 주위 사람들에게 선포한다. 의지가 약해져서 포기하고 싶을 때 주위 사람을 의식해서 포기하지 않도록 하기 위해서다. 그런데 새해에 이루겠다고 결심하고 목표를 정했던 일들을 이루는 사람은 그다지 많지 않다.

✸ 습관을 자신의 무기로 만들기 위한 네 가지 법칙

나도 그중의 한 사람이다. 마흔이 넘어가면서 특별히 먹기를 탐하지 않는데 뱃살이 출렁이고 옷을 입어도 맵시가 나지 않았다. 혈압도 경계수위를 넘어 가장 낮은 단계의 약이기는 하나 약을 먹게 되었다. 의사 선생님은 싱겁게 먹고 운동을 하라고 하는데 하루 이틀은 하지만 습관으로 자리를 잡지 못했다. 뱃살을 빼는 방법으로 커피믹스를 먹지 말고 물을 많이 먹으며 탄수화물과 지방을 줄이고 지속적으로 운동하는 방법밖에 없다고 하는데 한 끼라도 먹지 않으면 허기지고 힘이 없어 아침부터 삼시 세끼를 꼭 챙겨 먹었다.

그런데 무엇이든 한번 결심하면 꼭 이루고 마는 사람들이 있다. 어느 순간 그들은 "나 요즈음 다이어트해서 8㎏ 정도 뺐어."라며 건강해진 몸매를 자랑한다. 특별히 독해 보이지도 않고 의지력이 엄청나게 강해 보이지도 않는데 어떻게 해낼 수 있는 걸까?

『아주 작은 습관의 힘』의 저자 제임스클리어는 아주 사소한 습관을 매일 조금씩 반복하는 것이 다이어트성공의 비결이라고 말한다. 제임스 클리어는 어떤 습관을 자신의 무기로 만들기 위해서는 딱 네 가지만 기억하면 된다고 말한다. '행동 변화의 4가지 법칙'인데 모든 습관은 분명하고(제1 법칙), 매력적이고(제2 법칙), 쉽고(제3 법칙), 만족스러워야(제4 법칙) 한다는 것이다.

✸ 작은 습관으로 되찾은 건강

아이 담임선생님한테서 전화가 왔다. 새 학기가 시작되고 학부모회를 구성하기 위해 학년 대표를 뽑는데 5학년 학부모 중에 대표를 할 사람이 없다며 이름만 올려 달라는 전화였다. 작년에도 학년 대표가 없었으니 올해에는 누구라도 꼭 이름을 올리라는 교장 선생님 말씀이 있었는데 아무도 하지 않으려고 한다는 것이다.

내가 키우는 아이가 5학년에 다니기는 하지만 내 친자녀가 아니기 때문에 다른 학부모보다 나이가 훨씬 많다. 그래서 가능하면 총회나 상담은 빠지지 않고 가지만 임원은 생각조차 하지 않았는데 사정이 그렇다고 해서 5학년 학부모 대표로 이름을 올렸다.

단체 대화방이 개설되고 첫 임원회를 한다고 해서 갔다. 올해 학부모회에서 해야 할 행사를 소개하고 어떻게 진행할까에 대하여 의논하는데 한 학부모가 계속해서 스트레칭하며 회의에 동참하고 있었다. 그런데 다른 학부모들은 익히 아는 듯 별 신경 쓰지 않고 회의를 진행하는 것이 아닌가?

회의가 마무리되고 혹시 운동 관련된 일을 하느냐고 물었더니 개인 트레이너가 되기 위해 3년째 준비하고 있다고 했다. 균형 잡힌 몸매에 탄탄한 근육이 좋아 보여서 나도 뱃살을 빼야 하는데 잘 안 된다고 했더니 아침과 저녁은 탄수화물과 지방 섭취를 하지 말고 야채나 과일로 하고 점심만 제대로 먹는 식이요법과 운동을 병행하면 된다고 가볍게 말했다.

지금까지 나는 삼시 세끼 밥을 먹어야 일을 할 수 있고 그렇지 않으면 허기져서 힘들다고 생각했다. 그리고 아이들에게도 아주 특별한 일이 아니면 아침에 따뜻하게 지은 밥상을 차려 주는 것을 원칙으로 삼고 살아왔다. 그런 내가 과연 아침에 밥이 아닌 과일과 야채만 먹고 생활이 가능할까 싶었다.

그래도 이번 기회에 확실하게 뱃살 빼기에 도전해 보기로 했다. 짜인 식단에 맞추어 음식을 조리해서 먹는 것은 어렵지만 아이들이 잘 먹지 않는, 집에 있는 야채를 이용해 시작해 보기로 했다. 푸드뱅크를 통해 오는 야채 중에 아이들이 잘 먹지 않아 버리게 되는 피망, 양파, 양배추 등 각종 야채와 두부, 계란을 약간의 소금만 가미해서 볶아 바나나 한 개와 함께 아침을 먹고 저녁에는 소고기 살코기를 조금 볶아서 단백질을 보충해서 먹었다.

그렇게 먹어도 허기지지 않고 무겁게 느껴지던 배가 가벼워지면서 혈압이 내려갔다. 내친김에 커피믹스도 끊고 원두로 갈아타면서 집에 있는 미니사과 말려 놓은 것과 비트 말린 것을 끓여 물로 먹었다.

너무나 어렵게 느껴져서 도전하고 실패하기를 반복하면서 내의지가 이 정도밖에 안 되나 자괴감에 빠졌었는데 신기하게도 한 달 만에 3kg을 빼고 혈압약을 먹지 않고도 수축기 혈압이 120 이하로 내려가고 확장기 혈압은 80을 밑돌게 되었다.

❀ 아주 작은 습관이 나와 내 아이의 인생을 바꾼다

『아주 작은 습관의 힘』이라는 책을 읽고 실행에 옮긴 것은 아닌데 요즈음 책을 읽으며 『아주 작은 습관의 힘』에서 제시하는 4가지 법칙을 따라 했다는 것을 알게 되었다.

뱃살을 빼고 혈압약을 끊겠다는 결심이 분명했고(제1 법칙), 한 학부모의 매력적인 몸매에 나 또한 옷을 입었을 때 맵시 나는 몸매를 만들고 싶다는 생각(제2 법칙)이 간절했다. 그리고 아이들 밥상을 차리면서 집에 있는 야채를 가볍게 볶아(제3 법칙) 아침저녁으로 먹었는데, 이번 '안성아동공동생활가정' 종사자워크숍을 진행하기 위해 정장을 입었을 때 옷맵시가 나고 혈압약을 끊고도 혈압이 정상 수치를 유지하고 있어(제4 법칙) 대만족이다.

『아주 작은 습관의 힘』의 저자 제임스 클리어는 고교 시절 촉망받는 야구선수였다. 그런데 연습 도중 동료의 야구 배트에 얼굴을 정통으로 맞아 큰 사고를 당했다. 이 사고로 얼굴뼈가 30조각이 났고 왼쪽 눈은 실명 위기였으며 심정지가 세 번이나 일어났다.

걸을 수조차 없었던 저자는 절망에 빠지는 대신 지금 당장 할 수 있는 아주 작을 일이라도 찾아 그것을 반복하자고 마음먹고 걷기 연습을 시작했는데, 6개월 만에 운동을 할 수 있게 되었고 6년 후에는 대학 최고 남자 선수가 되었다. 지금은 자신을 인생의 나락에서 일으켜 세운 '아주 작은 습관의 힘'을 전 세계에 알리는 최고의 자기계발 전문가가 되었다.

이렇듯 너무나 사소해서 하찮게 느껴질 정도의 작은 반복이 인생을 바꾼다. 아주 작은 습관이 나와 내 아이의 인생을 바꾼다면 지금 당장 시도해 보고 싶지 않은가?

❀ 탁월한 차이를 만드는 것은 시간이 아니라 횟수다

작은아이가 유치원에 다닐 때 만났던 자모를 이번 '안성아동공동생활가정' 종사자 워크숍에서 만나게 되었다. 20여 년 전 그 자모의 아버지는 한 지역의 기관장을 지냈고 남편은 회계사였으며, 자신은 자가용을 운전하고 다니는 여유 있게 사는 주부였다. 반면에 나는 남편과 함께 '왔다천막사'에서 천막 일을 하며 먹고살기 위해 발버둥 치고 있었다.

그런데 20년이 지난 지금, 나는 '즐거운 집 그룹홈'의 대표이자 시설장이면서 '안성아동공동생활가정' 연합회 회장이고 2019 경기도민 정책 추진단 아동복지위원이며 『행복의 온도』라는 책을 출간한 저자로 있다. 그 과정 중에 생활 공감 정책 국민제안으로 대통령상을 받기도 했다.

워크숍이 끝나고 그 자모는 한 기관의 종사자로 입사하여 워크숍에 오게 되었고 당당한 내 모습이 너무나 멋있고 부럽다고 말했다. 시작은, 나도 성공하는 인생을 살고 싶다는 생각으로 당시 내가 할 수 있었던 자투리 시간에 책 읽고 공부하는 것에서 비롯되었다. 아무도 믿어 주지도 않고 알아주지도 않은 그 작은 시작이 오늘의 나를 있게 한 것이다.

'가랑비에 옷 젖는다'는 우리나라 속담이 있다. 어느 날 어느 시점에는 아주 작은 차이로 느껴지던 것들이 몇 달 몇 년이 지나면 그 영향력은 어마어마해질 수 있다. 많은 사람이 '1만 시간의 법칙'에 대하여 이야기하며 무조건 시간을 많이 투자해야 한다고 생각한다. 그러나 탁월한 차이를 만드는 것은 시간이 아니라 횟수다. 습관이라는 이야기다.

작은 습관 하나가 나와 내 아이의 인생을 만든다.

에필로그

엄마라는 이름만 들어도 울컥 눈물이 쏟아질 것 같은 아이가 있다. 그 아이에게는 '잘 키우고 싶은 엄마를 위한 성공 기술 6'을 모두 적용해 양육해도 엄마의 자리를 대신하지는 못한다. 그만큼 아이에게 엄마는 그 무엇과도 바꿀 수 없는 삶의 모든 것이다.

십수 년을 정성 들여 키웠는데 자기를 낳아 준 엄마를 만나는 순간 아이의 마음이 엄마에게 가는 것을 보면 왠지 서운한 마음이 들지만 피는 물보다 진하여 끌리는 것을 막을 수는 없다. 그래서 낳은 공은 있어도 키운 공은 없다는 속담이 있는지도 모르겠다.

그런 엄마만이 줄 수 있는 사랑, 그 사랑 위에 육아 기술이 덧입혀진다면 이보다 더 좋을 수는 없을 것이다. 그러나 엄마의 사랑을 받을 수 없다면 무조건 지지해 주고 사랑해 주는 누군가 한 사람만 있어도 아이는 긍정적으로 세상을 바라보며 나가게 된다.

민우는 초등학교 4학년 봄에 만났다. 갓난아기였을 때 엄마와 아빠가 이혼하여 여기저기 보내지며 성장한 민우는 눈이 충혈되도록 게임을 하고 분노가 머리끝까지 차 있었다. 또래 아이들보다 키도 작고 왜소한 민우는 평소에 말이 없는데 누군가 기분을 상하게 하면 주먹이 날아갔다.

　나는 아이를 만나면 가장 먼저 호칭을 정한다. 민우에게도 나를 누구라 부르고 싶은지 물었다. 엄마, 큰엄마, 이모, 선생님 어떤 호칭도 괜찮다고 했지만 아이는 말이 없었다. 집에 와서도 꼭 필요한 말 외에는 침묵하며 아침이면 밥 먹고 학교에 가고 학교 수업이 끝나면 집으로 돌아오기를 반복했다. 한 달쯤 지나 학교에서 운동회를 하는 날 아침, 민우는 도시락을 달라고 했다. 내가 도시락을 싸 가지고 가겠다고 했더니 말없이 학교를 향해 뛰어갔다. 지금까지 아무도 운동회 하는 날 도시락을 싸 가지고 가서 민우와 함께 밥을 먹지 않은 것 같아 마음이 짠했다.

　그리고 한 달이 더 지난 어느 날, 학교에서 돌아온 민우는 현관문을 열고 들어서며 큰 소리로 "엄마, 학교 다녀왔습니다." 했다. 마음속으로 수도 없이 연습하고 또 연습했지만 한 번도 불러 보지 못한 엄마라는 단어를 입에 담기 위해 얼마나 큰 용기가 필요했을까? 생각하자 눈물이 났다. 나는 아이의 등을 토닥여 주며 "학교 잘 다녀왔니?" 하고 살며시 안아 주었다. 아이는 쑥스러운 듯 얼른 자기 방으로 들어갔다. 그렇게 나는 또 한 아이의 엄마가 되었다.

　그랬던 민우가 지금 고등학생이다. 민우는 처음 만났을 때의 모습이 아니다. 마른 체격이기는 하나 키가 180㎝에 균형 잡힌 몸매를 자랑하고 해맑은 웃음과 어떤 농담도 받아넘기는 여유가 있다. 담임선생님은 민우가 학교생활을 즐기는 것 같다고 하시며 민우의 밝고 투명한 웃음이 사랑스럽다고 말씀하신다.

민우는 고등학교를 졸업하면 독립해 살아가야 한다. 그런 민우를 위해 지난 3월에 고등학교에 다니는 아이들 셋을 데리고 베트남에 다녀왔다. 3년 전부터 개인적으로 베트남의 한 아이를 후원하고 있는데, 후원을 연결한 기관에 제안해서 우리 아이들과 함께 그 아이의 가정을 방문하는 것을 여행 일정에 넣었다. 세상에는 정말 어렵고 힘들게 사는 아이들이 많다는 것을 눈으로 보고 느끼게 해 주고 싶었기 때문이다.

베트남 여행에 우리 기관과 같은 성격의 또 다른 기관이 함께 가게 되었는데 그 기관의 아이들은 기관장을 큰엄마라고 불렀다. 함께 다니다 보니 키가 나보다 20㎝는 더 큰 녀석들이 너무 덥다고 투정을 부리기도 하고 고기가 부족하니 엄마 돈으로 고기를 더 사 달라고도 하는데 다른 기관의 아이들은 별 불평 없이 잘 따라다녔다. 함께 간 어른들이 투정 부리고 장난치는 아이들이 영락없는 엄마와 아들로 보여 참 좋아 보인다고 했다. 엄마라고 부르는 순간 엄마만큼 거리가 가까워지고, 큰엄마라고 부르는 순간 큰엄마만큼의 거리가 생기는 것은 아닐까?

네 살 때 만나 고등학생이 된 민서는 자칭 효자 아들이다. 학교에서 돌아오면 "효자 아들 왔습니다." 하고 현관을 들어선다. 언젠가 "효자 아들, 효자 아들 하는데 효자 아들이라는 증거가 뭐냐?"라고 물었다. 민서는 "건강한 몸으로 학교생활 잘하고 있는 것이 효자라는 증거입니다." 했다. 건강하게 학교생활 잘하는 것 또한 효라는 생각이 들어 "오호, 그런 논리라… 맞는 말이네. 그래, 효자 아들 맞다."고 하며 마주 보고 웃었다.

민서 또한 평범한 아이는 아니었다. 네 살이었지만 완전 방임에서 완전 억압하는 24시간 놀이방에 6개월 맡겨졌기 때문에 "안돼!"라는 말만 들으면 분노가 폭발해 커피포트를 걷어차서 망가트리고 책장을 넘어뜨렸다. 초등학교에 입학해서는 잠시도 가만히 있지 못해 ADHD 경계선 진단을 받았다. 미술치료와 함께 검도수련을 하면서 달라지기 시작하더니 지금은 검도 3단으로 시범단 활동을 하고 있다.

마음 한구석에 엄마의 빈자리가 있는 아이들에게 엄마의 손맛을 기억하고 망망대해 같은 사회에 나가도록 하고 싶어 아이들의 아침저녁 밥상은 내가 직접 챙긴다. 어느 정도 성장해서 온 아이들이 대부분이라 식습관이 다른 아이들을 위해 비빔냉면과 물냉면, 간장 쫄면과 고추장 쫄면, 간장 비빔밥과 고추장 비빔밥, 감자구이와 버터 감자구이 등 같은 음식을 두 가지 양념으로 만든다.

시간이 지나면 외식하는 것을 좋아하고 인스턴트식품을 즐기던 아이들도 집에서 먹는 밥과 간식을 좋아하게 된다. 특히 주말에는 내가 삼시 세끼를 다 챙기기 때문에 아이들이 좋아하는 별식을 만들어 주기 위해 종일 주방에 있게 된다. 그런 시간을 통해 아이들과의 친밀감이 형성되고 관계가 단단해지는 것을 느낀다. 민우와 민서는 엄마의 존재를 모른다. 내가 자기를 낳아 준 엄마가 아니라는 것도 안다. 그러나 무조건 지지해 주고 돌봐 주는 엄마가 있어 밝고 건강하게 성장하고 있다.

나는 아이들에게 사랑의 빚진 자다. 어려서 칠 남매가 단칸방에서 북적대며 성장해서 나는 아이를 좋아하지 않았다. 특히 몸이 허약해 내가 낳지 않은 아이를 키운다는 것은 상상도 못 했다. 그런데 큰아이를 잉태한 순간, 다른 사람이 되었다. 한 아이가 잉태되어 성장하는 모든 과정이 신비하고 놀랍고 얼마나 사랑스러운지 알게 되었고 주변인으로 살아온 내가 아이들을 만나면서 건강과 행복을 찾았다. 아이들에게 준 사랑보다 훨씬 더 큰 사랑을 받고 책까지 쓰게 되었으니 나에게 아이들은 보배롭고 존귀한 존재다.

끝으로, 아이들과 함께한 시간과 경험을 나눌 수 있도록 지혜를 주신 하나님께 감사드린다. 또한, 명석한 두뇌를 타고난 아들과 학교 밖 아이로 나를 혹독하게 훈련한 딸, 그리고 평안함에 안주하여 썩어 가는 물이 되었을 나를 끊임없이 자극하고 살아 있게 만든 남편이 있었기에 오늘의 내가 있었음을 고백한다. 아이들과 남편이 없었다면 다양한 환경에서 성장한 기질이 다른 아이들을 이해할 수도, 포용할 수도 없었을 것이기 때문이다.

　날마다 웃을 수 있고 행복을 느낄 수 있으며 건강하게 사는 성장에너지를 충전할 수 있는 즐거운 집 아이들이 있어 항상 감사하고 행복하다. 내가 아이들 덕분에 행복하듯 아이들 또한 나와 함께했던 시간이 디딤돌이 되어 선한 영향력을 끼치는 삶을 살아가기를 간절히 바라는 마음이다.

참고 문헌

『그릿』, 말콤글래드웰, 비스니스북스

『공부 머리 독서법』, 최승필, 책구루

『5가지 사랑의 언어』, 게리 채프먼, 생명의 말씀사

『이제는 대학이 아니라 직업이다』, 손영배, 생각비행

『엄마가 모르는 아이의 발달 단계』, 린다 블레어, 푸른육아

『내 아이의 미래를 고민하는 부모라면 자기 조절력부터』, 이시형, 지식플러스

『내 아이와 로봇의 일자리 경쟁』, 이재축, 매일경제신문사

『4차 산업 혁명』, 장재준, 황은경, 황원규, 한빛비즈

『2019 대한민국 트렌드』, 최인수 윤덕환 채선애 송으뜸 김윤미, 한국경제신문

『노는 만큼 성공한다』, 김정운, 21세기북스

『머신, 플랫폼, 크라우드』, 앤드루 맥아피, 에릭 브린욜프슨, 청림출판

『아이의 자존감』, 정지은 김민태, 지식채널

『21세기를 사는 부모를 위한 자녀 양육 지침서』, 공명숙, 에세이

『안돼 엄마 싫어 아이』, 돌로레스 카렌, 아이북

『기질을 알면 자녀가 보인다』, 데이빗 스툽, 미션월드

『엄마의 말하기 연습』, 박재연, 한빛라이프

『칭찬은 고래도 춤추게 한다』, 켄 블랜차드, 타드 라시나크, 처크 톰킨스, 짐 발라드, 21세기북스

『탤런트 코드』, 대니얼 코일, 웅진 지식하우스

『닉부이치치의 플라잉』, 닉부이치치, 두란노

『지식의 반감기』, 새뮤얼 아브스만, 책 읽는 수요일

『아주 작은 습관의 힘』, 제임스클리어, 비즈니스북스

『모바일 혁명이 만드는 비즈니스 미래지도』, 김중태, 한스미디어

『4차 산업혁명 나는 무엇을 준비할 것인가』, 장재준, 황은경, 황원규, 한빛비즈

『행복의 온도』, 조경희, 미문사